LEER LA MENTE... O CASI

LAS CLAVES DE LA COMUNICACIÓN NO VERBAL

BEATRIZ VILAS

OBERON

Juan Ignacio Luca de Tena, 15. 28027 Madrid
Depósito legal: M. 28.926-2013
ISBN: 978-84-415-3516-9
Printed in Spain

ÍNDICE DE CONTENIDOS

PRÓLOGO

"¡No me mires así! Parece que me estás analizando.
¡Y eso me cabrea!"

Así de claro y contundente me habló alguien en cierta ocasión. Me sentí muy mal durante un largo rato pues, en realidad, lo único que había hecho era mirarle directamente a los ojos con la única intención de demostrarle que le iba a prestar toda mi atención justo en el momento en el que iba a manifestarme una opinión sobre mi trabajo. Una desafortunada reacción por su parte. Pero, analizando después su actitud, llegué a la conclusión de que fue mi mirada, directa y profunda, la que había atravesado hasta su mente, quizás desarmándole y dejando al descubierto su verdadera intención: mentirme respecto a lo que me iba a decir.

No hay duda de que todos tenemos un enorme poder de persuasión, de influencia sobre los demás, tan sólo a través de nuestro lenguaje corporal, simplemente con la mirada, como el caso que he comentado, y de múltiples maneras que en este libro se dan a conocer. El verdadero poder, sin embargo, radica en "cómo" se usa este inmenso poder, el lenguaje no verbal, a veces complicado de entender y sin duda manipulable por parte del emisor para obtener determinados resultados.

Por ejemplo, los asesores de imagen de los líderes políticos tienen una ardua tarea a la hora de conseguir influir en el político para que haga o deje de hacer ciertos gestos o muecas que le pueden beneficiar o perjudicar a la hora de mostrarse en público y, además, deberán considerar si ese momento se producirá cara a cara con otros políticos, conciudadanos de a pie, sobre un escenario, o frente a las cámaras de televisión.

Pero, en realidad, cualquiera de nosotros, consciente e inconscientemente, nos manifestamos claramente incluso sin decir una palabra. Y lo hacemos en muchas ocasiones a lo largo del día, pues ocurre de manera espontánea durante, por ejemplo, un encuentro profesional, en una conversación cualquiera, etc. Y todo ello se produce sin ni siquiera darnos cuenta y, lo peor: puede influir negativamente en la percepción que el "receptor" de nuestro mensaje tenga de nosotros, o ¡al contrario!

Así que no está nunca de más aprender a "gestionar" nuestras emociones hasta el punto de que no se descontrolen y nos jueguen una mala pasada, sin siquiera haber dicho una sola palabra, porque no hayamos sabido expresar el mensaje con la "apropiada" actitud corporal, para contribuir así a una favorecedora imagen personal e influencia que pudiéramos querer generar sobre nuestro interlocutor. En este libro, la autora, experta en Gestión emocional, Comunicación y Comunicación no verbal, nos introduce en un apasionante, curioso y, sin lugar a dudas, complejo lenguaje. Formas de expresarnos que, si llegamos a dominar y utilizar a nuestro favor, nos pueden reportar beneficios de inmenso valor en nuestro día a día personal y profesional.

Y, ahora, si no tienes un espejo cerca, coge tu teléfono móvil y ¡activa la cámara delantera! Mírate fijamente a los ojos y piensa en qué te transmite tu propia imagen. Seguro que terminas sonriendo... El gesto más bonito y fácil para encontrar el camino de la felicidad y triunfar en la vida. El libro que tienes en tus manos te puede ayudar. ¡Disfrútalo!

@Joan Monse

INTRODUCCIÓN

"Dios no juega a los dados con el universo"

Albert Einstein

Hace muchos años llegó a mí esta frase tan maravillosa que pronunció Albert Einstein en un momento crucial de nuestro siglo XX, refiriéndose a la mecánica cuántica y por alguna extraña razón muchas veces ha llegado a mi mente, cuando quería comunicar el porqué de la importancia de aprender a mejorar la comunicación entre los seres humanos.

Nací en un hogar, como en la mayoría de los que nacimos en los años 60 y 70 en este país, donde la comunicación brillaba por su ausencia y sobre todo la comunicación en todo lo relacionado con las emociones, donde para que aprendiéramos algo, se hacía a gritos y con frases como "*la letra con sangre entra*".

He de decir que la primera vez que recuerdo que mi padre me mirase a los ojos y me dijera que me quería, fue en su lecho de muerte y casi se lo lleva a la tumba si no llega a ser porque por aquel entonces yo ya deambulaba en los misteriosos mares de la comunicación emocional.

En una cultura vasca como la mía, donde decir lo que se sentía era casi sinónimo de debilidad, crecí "adivinando" lo que los mayores querían decirme, cuando se expresaban con aquellas palabras incoherentes a sus acciones.

Mi mejor amigo de la infancia, Rafa, al que conocí con 10 años y del que sigo teniendo el orgullo de contar entre mis amigos, para comunicarse conmigo y hacerse notar, me tiró una bola de nieve que casi me revienta la cabeza y ésa fue su forma de querer decirme: "*Eh, estoy aquí*".

Me casé muy jovencita, a la edad de 21 años, con un hombre maravilloso, pero que tardó horrores en aprender a comunicarse con palabras como debiera, ya que, al igual que yo, tampoco había tenido la fortuna de poder aprenderlo en su hogar. Y así me he ido encontrando con gente maravillosa en mi vida, pero con una carencia enorme en su comunicación verbal y a mí, una niña que desde que nací quería hablar sin parar para expresar lo que sentía en cada poro de mi piel, no me quedó otra que aprender de alguna manera a comunicarme sin palabras.

¿"Dios no juega a los dados con el universo"? ¿Cómo podía tener tanto que decir al mundo y tan pocos medios para hacerlo?

No pienses que mi suerte en cuanto a mi comunicación con mis relaciones mejoraron mucho, porque seguí topándome con personas incapaces de expresar un ***TE QUIERO***, o decirme lo que sentían o pensaban toda mi vida, las cuales me han hecho desarrollar otras habilidades que veremos en este libro, con toda la confianza en que os pueda ayudar a mejorar vuestro día a día.

Por eso sé que a veces, Dios, no sé si consciente o simplemente en su juego de dados, nos pone en nuestro camino a personas para que aprendamos a desarrollarnos de todas las formas posibles, independientemente de lo que nos cuentan con sus palabras.

Sólo el 7% de las emociones que comunicamos lo hacemos con palabras y encima lo hacemos mal, por eso es casi de obligada aceptación aprender a comunicarnos de otras formas, ya que, aunque a veces queremos ser islas, nunca hay que olvidar que pertenecemos a un archipiélago y que, nos guste o no, tendremos que formar parte de él para poder sobrevivir.

Este libro no pretende ser un libro de comunicación no verbal al uso, para que los que lo leáis os hagáis especialistas en la materia, ya que ni tan siquiera yo me dedico exclusivamente a ello, ni me considero una experta en dicho tema, simplemente pretende adentraros en la comunicación no verbal y en el 93% restante en el que nos debemos comunicar.

No pretendo quedarme en el estudio de los gestos, pues como lectores al uso posiblemente no utilizaríais ni una cuarta parte de todo lo que en los libros de comunicación no verbal se enseña, sino que pretendo ampliar los horizontes de todos los que ojeéis este libro, desarrollando vuestra escucha activa desde la observación, del cuerpo, la voz y el entorno que os rodea.

Este libro consta de dos partes, en primer lugar la historia de su protagonista Sofía, una periodista de 45 años, la cual comienza a ver más allá de lo que sus ojos le dejaban ver hasta ese momento y aprende a observar desde la intuición y el corazón, y entremezclado con la historia vas a encontrar un manual de trabajo, para que tú aprendas a relacionarte desde una comunicación efectiva, no sólo con palabras sino con todo el cuerpo.

Deseo que comunicando con palabras y sin ellas aprendas a ver lo importante que es formar parte del archipiélago y dejar de ser, de vez en cuando, islas, de una forma divertida y amena. ¿Te adentras en la cueva de la comunicación no verbal?

CAPÍTULO I

QUÉ ES LA COMUNICACIÓN

¿CÓMO VAS A LEER ESTE LIBRO?

Hola querido lector, mi nombre es Sofía y trabajo como redactora en un periódico de la costa mallorquina.

Tras años en esta profesión, he podido conocer a personas diversas, de todas las nacionalidades y las clases sociales, por lo que he conseguido desarrollar un olfato realmente impresionante para saber lo que en realidad querían decirme los personajes de cada una de mis entrevistas, mujeres y hombres jóvenes, maduros, sexies, cultos, sencillos, mediocres, amables de todo tipo, edad y color de piel, con las que me he topaba en estos años, que a mis 45 primaveras, son ya unos pocos.

Mi trabajo, al contrario de lo que cree la gente, es muy normal, cobro bastante mal, ya que soy freelance, trabajo por cuenta propia y eso me ha hecho tener que trabajar varias horas al día, sin descanso, ni casi días de fiesta, así que aprendí a disfrutar de cada instante que tenía que pasar en él y me volví una gran observadora de la vida de los demás.

He aprendido muchas cosas de cómo se comunican mis entrevistados, cómo mienten, cómo no dicen lo que piensan por estar delante de una periodista, cómo, sin saberlo, en ocasiones resultan patéticos, en otras cómicos y en la mayoría de las veces exquisitamente amorosos.

Gente de a pie, con tristezas y alegrías que contar al mundo, en ocasiones viviendo en culturas muy distintas a las de su origen, con historias de vidas que a veces manchan el alma de quien las lee o las tiñen de color rosa.

Pero lo más importante para mí ha sido poder acceder a sus corazones, simplemente observando desde mi interior lo que realmente querían decirme.

Por eso pienso que tengo mucho que decir, en cuanto a CNV se refiere, y he decidido poner todo de mi parte para mostrarte a ti, incansable alumno de la sabiduría, lo que he aprendido en estos años.

Solamente espero que puedas poner en práctica las técnicas que aquí veremos y que empieces por lo más importante: observar con ojos de ver, ¡ponte las gafas adecuadas y acompáñame en este fantástico viaje!

Para ello he pensado que comenzaremos realizando un curioso test para que tú mismo calibres tu nivel de observación, ya que es bueno que conozcas tu nivel de observación en relación a la CNV, ¿te animas?

Test de comunicación no verbal e influencia en el entorno

Observa y escoge a una persona de tu entorno personal con la que tengas mucha relación y comienza a examinar su comunicación no verbal:

A) Pregúntale sobre qué hizo el domingo.

1. ¿Es coherente lo que dice, su lenguaje verbal, con su forma de moverse?
2. ¿Gesticula mucho cuando habla?
3. ¿Te crees lo que te está diciendo o piensas que está exagerando en lo que te cuenta?
4. ¿Te mira a los ojos cuando te pregunta cómo estás? (si es que lo hace).

B) Ahora pregúntale sobre algo que tenga contenido emocional para él y observa:

1. ¿Se tapa mucho la cara cuando habla?
2. ¿Mira para abajo o para arriba?
3. ¿Titubea en su contestación?
4. ¿Le cuesta hablar sobre sus emociones?
5. ¿Se acaricia cuando te habla?

C) A continuación vamos a fijarnos en su aspecto exterior:

1. ¿Cómo va vestido, de forma desgarbada, correcto, a la moda?

2. ¿Utiliza muchos colores o por el contrario utiliza solo el negro?

3. ¿Va adecuadamente vestido para la ocasión?

D) Ahora observa lo que le influye el entorno en su toma de decisiones:

1. ¿Cómo se presenta a los demás, saluda a todo el mundo, al recepcionista en la empresa, a la señora de la limpieza?

2. ¿Es observador, curioso?

3. ¿Se comporta de diferente manera según el lugar y las personas con las que se encuentra?

E) Seguidamente vamos a estudiar su rostro:

1. ¿Mira fijamente cuando habla?

2. ¿Se muerde los labios cuando escucha?

3. ¿Tiene las mejillas sonrojadas?

4. ¿Frunce las cejas a menudo?

5. ¿Tiene micropicores, esto es, picores por todo el cuerpo, en las cejas, en las orejas?

¿QUÉ ES LA COMUNICACIÓN?

¿Cómo te ha ido, has descubierto algo nuevo de ti, has sabido contestar a las preguntas? ¿Quieres saber qué es la comunicación y aprender a comunicarte de una forma positiva descifrando los mensajes de tus interlocutores?

¿Te has preguntado alguna vez qué es la Comunicación?

Pues bien, desde mi experiencia como periodista te diré que la gente no sabe bien qué es y piensan que hablar es comunicarse y eso es un gran problema porque no tiene nada que ver. Yo puedo hablar pero no estar comunicando realmente, ya que no lo hago desde el corazón.

Una cosa es comunicar y otra conexionar.

Recuerdo en una ocasión que tuve que entrevistar a un chelista japonés y ante mi pregunta de qué era la música para él, me contestó: "*Mira, para que sepas lo que siento cuando toco el violonchelo, voy a interpretarte una de mis piezas preferidas, una suite de Bach y verás a lo que me refiero*".

Y aquel hombre consiguió que la piel se me pusiera de gallina y me emocionó hasta el punto en el que casi rompo a llorar y eso sin pronunciar ni una sola palabra y en ese momento entendí la diferencia entre comunicar y conexionar con una persona, una gran diferencia que, solo se puede practicar si estás totalmente atento a las señales que tu interlocutor te envía.

No es necesario hablar con palabras y vamos a ver cómo, la mayoría de las veces, necesitamos interactuar de otra forma distinta para que la otra persona nos pueda entender, con gestos, caricias, música.

Pero de momento os explicaré lo que dicen los expertos sobre qué es comunicar:

La comunicación es un proceso por el cual un emisor, persona que quiere comunicarse con otra, le envía un mensaje a un receptor, que es el que escucha.

Podríamos decir que es el intercambio de sentimientos, opiniones o cualquier otro tipo de información mediante el habla, la escritura u otro tipo de señales, música, colores, etc.

Gracias al intercambio de mensajes de las personas, es posible el funcionamiento de las sociedades humanas, ya que sin ella no podríamos interactuar.

Por tanto sería la comunicación que desde un punto A, emisor, se envía a un punto B, receptor, distantes en el espacio o en el tiempo, para transmitir una determinada información.

Dicha información supone un proceso en el cual hay unos elementos que son: el código que empleamos (que es un sistema de signos y reglas, ordenadas de antemano para que el receptor del mensaje lo entienda) y un canal (que es el medio físico por donde se transmiten las señales). Por ejemplo el tantán, que es un tambor brasileño, al igual que las señales de humo, son formas de comunicación muy antiguas, o el aire, en el caso de la voz.

Las circunstancias en las que se realiza dicha comunicación también se deberán de tomar en cuenta, siendo denominadas contexto situacional, ya que será lo que dará el significado final a dicho mensaje.

El primer ser humano que desarrolló el lenguaje fue el homo sapiens. Según los estudiosos de las lenguas, se cree que pudo haber una única lengua de origen, llamando a esta teoría la Monogénesis, pero aquí se abriría un amplio debate al respecto, el cual dejaré para los eruditos del tema.

COMUNICANDO CON PALABRAS Y SIN ELLAS

Me gustaría recalcar que no siempre tuvimos la posibilidad de comunicarnos por escrito y que no fue hasta hace aproximadamente 9000 años, con el cambio de la sociedad cazadora a la agrícola, donde aparecen las bullas, cerámicas con bolas con incisiones en el exterior y que parecía ser un mecanismo de contabilidad.

Posteriormente hace unos 5000 años, en Mesopotamia, comienzan a aparecer los primeros escritos y los jeroglíficos en Egipto hace unos 4500 años.

Pero serían los fenicios, en Siria, hace 3500 años, los que desarrollarían el primer alfabeto, llamado semítico y 500 años después los griegos desarrollaron las 5 vocales actuales para adaptar el alfabeto a su lengua, el cual daría paso al primer alfabeto escrito de izquierda a derecha y posteriormente serían los romanos quienes instaurarían el latín como lengua escrita, tal y como la conocemos actualmente.

TIPOS DE COMUNICACIÓN

Ya en 1948 será cuando Shannon y Weaver crean la teoría de la comunicación, que nos hablará de los elementos indispensables para crear una comunicación, que son, como ya hemos comentado, el emisor, el receptor, el canal, el código, el mensaje y la situación o contexto.

Según la teoría de la comunicación, las funciones de ésta son tres básicamente:

1. **Informativa:** Donde se transmite la información y recepción del mensaje mentalmente, otorgando datos el emisor al receptor, que modifican la experiencia social e histórica y proporciona la formación de hábitos, convicciones y habilidades.
2. **Afectivo-Valorativa:** Donde el emisor otorga al mensaje la emotividad necesaria para crear una comunicación entre ambas partes.
3. **Reguladora:** Que regula la conducta de las personas, como puede ser una crítica.

En la teoría de la comunicación nos encontramos con 3 escuelas básicamente, la europea, la estadounidense y la latinoamericana, pero no me voy a adentrar mucho más en este tema porque estoy convencida de que sobre dicha teoría encontrarás muchos manuales al respecto, que te enseñarán la historia de esta fantástica técnica que tan bien hemos aprendido a desarrollar.

CAPÍTULO 2

COMUNICACIÓN NO VERBAL

¿QUÉ ES LA COMUNICACIÓN NO VERBAL?

Entonces, ¿qué es la Comunicación no verbal?

Definimos Comunicación no verbal, a partir de ahora CNV, como un proceso de comunicación mediante el envío y recepción de mensajes sin utilizar las palabras, ni de forma hablada, ni escrita, ni con lenguaje de señas, como haría una persona sordomuda.

Por tanto dicha comunicación se da mediante signos, pero no por frases gramaticales, ya que carece de estructura sintáctica.

Mmmm, entonces, ¿cómo damos los mensajes que queremos ofrecer exactamente?

Pues bien, éstos serán comunicados a través del cuerpo, por medio de la postura que adquirimos, a través del contacto visual, los gestos en general de todo nuestro organismo, así como por medio de la ropa, los zapatos, el tipo de peinado, los colores que utilizamos, o la forma de movernos al caminar.

Para empezar es importante saber que esta ciencia ha tenido tanto detractores como seguidores y hoy por hoy ya se sabe que su posibilidad de acierto está entre el 80 o 90%, ya que cada persona es un ser distinto, muy influenciado por su entorno y por los estímulos del exterior.

Por ello no deberemos tomarla como una ciencia exacta al 100%, ya que lo que vemos en una fotografía podría ser más exacto, pero en la interrelación con otras personas puede variar nuestro comportamiento, sin tener que ser exacto lo que queremos expresar con nuestro cuerpo.

De hecho nos encontramos con distintas corrientes dentro de ella, dividida por sus distintos autores, pero ¿quién fue el primero en hablarnos de CNV?

Pues bien, aunque te suene raro, tienes que saber que el precursor de esta ciencia fue el británico Charles Darwin en 1872, mediante su obra "La expresión de las emociones en el hombre y en los animales".

Sí, sí, el de los monos y la evolución.

Pero como este tema siempre ha despertado mucha curiosidad, puedes encontrar a unos cuantos especialistas en la materia que nos ayudan a descifrar dicho lenguaje de lo no dicho con palabras.

Ya en 1925 y 1940, fueron publicados respectivamente los libros *Physique and Character*, de Kretschmer, y *The Variations of Human Physique*, de Sheldon; textos que fundamentaron las bases del trabajo respecto a los tipos corporales del ser humano.

Pero será en 1956 cuando aparece por primera vez la expresión "comunicación no verbal" en una publicación del psiquiatra Jurgen Ruesch y el fotógrafo Weldon Kees. El libro se conoce con el título de *Nonverbal Communication: Notes on the Visual Perception of Human Relations*.

No obstante no será hasta 1968 y 1969, cuando Paul Ekman y Friesen Wallace V. (*Nonverbal Behavior in Psychotherapy Research*), trazaron un destacable marco teórico sobre los orígenes, uso y codificación de la conducta no verbal.

Algunos autores que puedes consultar, en mi opinión de gran valía, son Albert Mehrabian, Paul Ekman, Flora Dawis o Philippe Turchet, quien en el año 2005, en París, crea una disciplina para poder interpretar la comunicación no verbal, la cual llamó Sinergología, concepto que, aunque poco conocido hasta el momento, nos ayuda a descifrar parte de su significado.

El propio autor describe la sinergología como "*La disciplina que permite descifrar el funcionamiento de la mente humana a partir de la estructura de su lenguaje corporal con la finalidad de ofrecer una comunicación adaptada*".

En España y de la mano de Philippe Turchet tenemos a María José Arlandis, quien preside y dirige ESSIN, el centro de Estudios Superiores en Sinergología, siendo a día de hoy la única entidad española autorizada por la Asociación Europea de Sinergología.

¿QUÉ DICES? QUE NO TE ENTIENDO... ¿COMUNICO O CONECTO?

Por lo tanto, quedémonos con que es distinto comunicar que conexionar con una persona y en ocasiones verás que "ni tú me entiendes, ni yo me explico", lo que quiere decir es que, hablando el mismo idioma y teniendo el mismo contexto, el mensaje que transmitimos no es claro, o a nuestro interlocutor no le entiendo como nos gustaría que lo comprendiera.

En el mundo de la CNV, se extendió un gran bulo, relativo a dicho porcentaje, llamado "La Falacia Mehrabian", donde no se dejó claro los estudios que realizó el psicólogo Albert Mehrabian, en 1967, quien llevó a cabo experimentos sobre actitudes y sentimientos y encontró que en ciertas situaciones en que la comunicación verbal es altamente ambigua, sólo el 7% de la información se atribuye a las palabras, mientras que el 38% se atribuye a la voz (entonación, proyección, resonancia, tono, etc.) y el 55% al lenguaje corporal (gestos, posturas, movimiento de los ojos, respiración, etc.).

Pero este estudio se hizo sólo con mujeres y el contexto no existía ya que simplemente se les pidió que dijeran palabras sueltas que significaran una emoción como "querido" o "terrible" y además sólo se estudiaron las expresiones faciales y no las corporales completas. Además dicho análisis sólo implicaba la diferenciación entre emociones positivas o negativas y ni tan siquiera lo hizo en relación a todas las emociones básicas, como sí realizó el profesor Paul Ekman, en su estudio de la comunicación no verbal y la inteligencia emocional.

Esto quiere decir que, solamente en el caso de la observación de sentimientos y emociones sobre ciertas actitudes y no en todos los casos de comunicación, este porcentaje podría ser cierto, aunque casi siempre estamos teniendo emociones cuando comunicamos, a excepción de raros casos.

El trabajo de Mehrabian fue malinterpretado erróneamente hasta el punto que la "regla 7%-38%-55%" ha llevado a afirmaciones como que en cualquier situación comunicativa, el significado del mensaje se transmite de manera no verbal, no mediante el significado de las palabras.

Esto es exagerado y se debe a una generalización indebida de las condiciones específicas de los experimentos de Mehrabian.

"MUÉVETE QUE TE ESCUCHO"

Independientemente de todos estos datos y de los porcentajes que queramos otorgar a ello, una cosa es bien cierta, y es que la comunicación no verbal tiene una gran importancia en nuestro día a día.

Por eso durante estos años, he desarrollado la observación y la intuición de una forma tal que podría dividirla según los movimientos de mi interlocutor claramente.

Observando y contrastando con los estudios de los expertos, me he dado cuenta de que dentro de la comunicación no verbal habría dos puntos totalmente distintos, que son: el lenguaje consciente y el no consciente de lo que comunicamos a través de los gestos.

Por un lado todos los mensajes que transmitimos las personas sin emplear palabras, como la forma en la que vestimos, el tipo de colores o telas que utilizamos, nuestra forma de ser físicamente, si somos altos o bajos, gordos o flacos, nuestro olor corporal o el perfume que podemos utilizar, así como los colores habituales que llevamos puestos, nuestro pelo o nuestra sonrisa, el entorno en el que nos encontramos etc. Todo esto sería comunicación no verbal e influencia en el entorno.

Pero por otro lado tendríamos los mensajes no conscientes o semiconscientes, esto es, los gestos involuntarios, y de eso se encarga la sinergología, de la lectura de esos gestos que a primera vista son imperceptibles por las personas que no se dedican profesionalmente a ello.

Hay gestos que son innatos y otros aprendidos por imitación a través de las neuronas espejo.

MIRANDO CON GAFAS DE VER

Uno de los mayores problemas que nos encontramos en la comunicación no verbal es que no nos centramos exclusivamente en observar a la persona que tenemos enfrente, sino que estamos más preocupados por lo que nosotros sentimos que en entender y en "ver con gafas de ver" a nuestro interlocutor, por eso nos cuesta entender lo que quiere decirnos y lo que significan sus gestos.

Hemos perdido considerablemente el contacto con la naturaleza y nos hemos alejado de nuestros instintos básicos, los cuales nos ayudaban a comunicarnos con los otros seres humanos y con todo el medio en general, de una forma prodigiosa, al igual que hacen los animales.

Incluso nuestro organismo dispone de lo que se ha llamado neuronas espejo, las cuales también poseen los primates y algunas aves, que se encargan de que algunos gestos sean aprendidos por mera copia de nuestro interlocutor, siendo otros innatos ya cuando nacemos.

Estas neuronas están situadas en el lóbulo frontal y son las encargadas de activar la empatía hacia las personas o animales con las que nos interrelacionamos, esto es, se activan cuando se realiza una acción, haciendo que el otro individuo realice la misma acción que nosotros y así facilitando el aprendizaje mediante la simulación directa de actos y emociones.

Por eso cuando estás hablando con una persona y ésta se toca la nariz, automáticamente tú realizas el mismo gesto, actuando a modo de espejo.

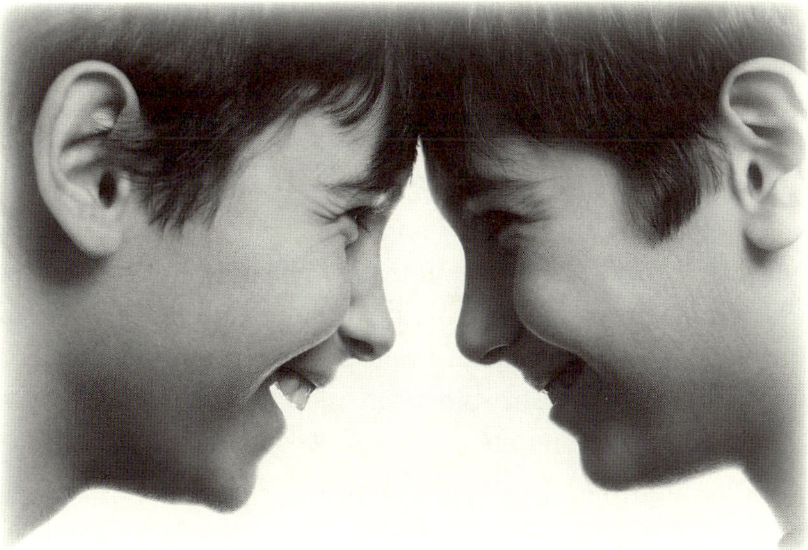

Sabremos si hemos creado empatía, la capacidad de tener afinidad con otras personas, si pasado un tiempo, la otra persona comienza a realizar los mismos gestos que nosotros, a duplicar nuestros movimientos.

Si cuando estás hablando con alguien cruzas las piernas o los brazos y la otra persona repite tu gesto, eso significara que hemos sabido crear dicha empatía. Por el contrario si nuestro interlocutor no realiza ningún gesto paralelo al nuestro será que todavía no se siente cómodo ante nuestra presencia.

Por eso se dice: "*dos que se acuestan en la misma cama terminan siendo parecidos*". Cuando nos sentimos enamorados de una persona, nuestros gestos, movimientos, terminarán siendo similares y oiremos expresiones como "*hacéis tan buena pareja*", esto será porque nuestra CNV es similar y se crea simetría entre ambas personas. Es por ello que dos personas que conviven juntas pueden terminar hasta pareciéndose físicamente.

Para comprobar esta teoría te invito a que hagas el siguiente experimento:

Ponte en frente de una persona a hablar y comienza a tocarte la nariz, rascarte una ceja, tocarte la oreja o acariciarte el cuello, ¿qué hace tu interlocutor?

Es por ello que es muy importante entender que somos animales sociales y que nuestra supervivencia depende de poder entender los actos de la persona con la que nos estamos comunicando, así como sus emociones, ya que si no lo hacemos nuestro bienestar mental y emocional se ve menguado notoriamente.

Estas neuronas también son las encargadas del desarrollo de la intuición y la lectura de pensamiento. Son las encargadas de la percepción de las señales emocionales de los demás. Por eso, a mayor desarrollo de estas neuronas, mayor será nuestra intuición, pudiendo crear una mejor relación con las personas con las que interactuamos.

Si no efectuáramos gestos nos costaría mucho organizar los pensamientos que tenemos y si no haz la prueba.

Ahora te invito a que intentes comunicarte con alguien hablando sin mover ninguna parte de tu cuerpo, con las manos atadas a la espalda, ¿qué ocurre? ¿Te es tan sencillo comunicarte como cuando puedes moverte libremente?

Así que vamos a aprender qué quieren decir todos estos gestos que hacemos día a día.

CAPÍTULO 3

COMIENZA A DESCIFRAR TU CUERPO

TODO TU CUERPO ME HABLA

No será hasta la década de los 50 cuando investigadores como Ray L. Birdwhistell (1952) de la Universidad de Louisville, o Paul Ekman, entre otros, orienten la comunicación no verbal de modo sistemático, es decir, le darán una coherencia a las ideas existentes e iniciarán la conceptualización al respecto, creando lo que se vino a llamar la cínesis o comportamiento kinésico, que es el estudio del significado expresivo y comunicativo de los movimientos corporales y los gestos, tantos los aprendidos como los genéticos, con el fin de deducir su comportamiento y el modo de comunicarse de las personas.

También podrás oír los términos semiótica, que es la ciencia que estudia el sistema de signos empleados en la comunicación, y proxémica, dedicada al estudio de la organización del espacio en la comunicación lingüística; esto es, el estudio de las relaciones de proximidad, de alejamiento etc., entre las personas y los objetos durante la interacción, las posturas adoptadas y la existencia o ausencia de contacto físico entre las personas.

Por lo tanto, será tan importante saber leer cómo nos movemos como si estamos quietos o no y a qué distancia de nuestro interlocutor estamos.

Hace algún tiempo, mi editor me llamó para pedirme que entrevistara a una artista que veraneaba en nuestra isla, porque se comentaba que era la amante de un político de la comunidad y quería que, con mis dotes periodísticas, pudiera saber si mentían las habladurías o si eran ciertas, y así lo hice.

Aprendiendo a escuchar tu cuerpo

Yo sabía que no sería tarea fácil, pues lo primero que se debe de saber es que, cuando alguien miente, si es un mentiroso compulsivo, se estará creyendo su propia mentira y por tanto será totalmente coherente su comunicación verbal con la no verbal, como era el caso de Don Juan, que podía tener varias amantes a la vez porque se creía enamorado de todas ellas, por lo tanto, me armé de valor y concerté una entrevista con ella, para ver ante quién me encontraba.

Quedamos a las 18:00 de la tarde en una cafetería de lujo del centro de Palma, era una tarde del mes de julio y el calor comenzaba ya a presenciarse en el asfalto.

Yo había visto muchas fotos de Alba, por lo que la reconocí al instante.

Era alta, esbelta, con unos preciosos ojos azules y su melena azabache le propiciaba un aspecto entre duro y angelical al mismo tiempo, que hacía que todo el que la veía se diera la vuelta para mirarla. Simplemente desprendía magia.

La vi acercarse a mí, como si bailara entre las personas que pasaban a su lado, como aleteando sus alas de hada invisibles, que hacían terriblemente dulce su caminar, pero a la vez fuerte y seguro.

Había leído en un libro de cínesis que los gestos que transmitimos al andar no siempre son innatos, sino que generalmente son imitados al nacer y me pregunté dónde habría aprendido aquella mujer aquella forma de caminar, tan segura de sí misma y del lugar en el mundo que representaba. ¿Sería así realmente o sería una fachada?

Yo me escondí tras mis gafas de miope y en un instante me sentí pequeñita a su lado, pero a la vez experimenté una sensación de bienestar cuando pronunció mi nombre:

–¿Sofía?

–Sí, soy yo.

–Soy Alba, tenía muchas ganas de conocerte, admiro mucho tu trabajo y me hacía mucha ilusión esta entrevista.

Me lo dijo mirándome a los ojos directamente y a la boca, representando el famoso triángulo de la seducción.

Y en un instante me sentí totalmente atraída por aquella mujer que me miraba con una mezcla de admiración, respeto y seguridad al mismo tiempo en ella misma y me hizo sentirme fuerte y segura con cada palabra que pronunciaba en la entrevista.

Cuando me di cuenta, ella casi me había entrevistado a mí y no al revés y había conseguido que pusiera en el papel todo lo que ella quería que allí se reflejara. ¿Cómo me había engatusado así?

Durante unos cuantos días nos vimos en diferentes eventos que ocurrieron en la isla en aquel verano y siempre la misma sensación de admiración, calma y al mismo tiempo atracción irrefrenable sobre aquella mujer y decidí estudiar cada gesto que recordara de ella para saber cuál era la clave de su seducción y agrupé la información en pequeñas zonas del cuerpo, en sus movimientos, para poder hacer lo que hacemos desde la infancia los humanos: imitarla. Evidentemente mi altura no iba a cambiar, pero seguro que aprendería muchas cosas de ella y así fue.

Lo primero que detecté, teniendo en cuenta todos los manuales que había leído, fue que debo observarla desde el lado correcto, esto es: cuando observo a alguien tengo que tener en cuenta que su lado derecho será mi lado izquierdo y viceversa porque sólo de esta forma podré darme cuenta de lo que significa cada gesto.

También es importante destacar que serán necesarios de 7 a 8 ítems, o microgestos, para que sea cierta la información que creemos que nos da nuestro cuerpo. Esto es, que una persona en un momento determinado tenga los brazos cruzados a la altura del pecho, no significa obligatoriamente que esté cerrada, por eso deberemos de fijarnos en todas las señales corporales que nos envía esa persona, en esos 7 gestos de todo su cuerpo, para que ese primer gesto sea cierto.

Hay que tener en cuenta que habrá gestos que hacemos consciente y otros inconscientemente.

Por ejemplo si guiñamos el ojo a una persona, buscando la complicidad de ésta, este será un gesto consciente.

En cambio un parpadeo es un gesto inconsciente.

María José Arlandis, experta en sinergología, en su libro "Los gestos hablan" (Editorial Plataforma), nos habla de lo que se llaman "las 3 miradas", o sea, la forma de observar a las personas.

1. **General o estatua:** Que es lo que se llama observar a la persona en conjunto de los pies a la cabeza, para verla al completo en posición parada y observar cada uno de sus gestos.
2. **Concreta o actitud interior:** Ahora tienes que observar las articulaciones del cuerpo para ver si existe rigidez en la persona, esto es los codos, las rodillas, los hombros...

3. **Micromovimientos:** Aquí tendremos que centrarnos en la observación del microgesto que hacemos con las manos, todo lo relacionado a caricias, pequeños rascados etc.

También hay que recordar que es muy importante ser objetivos ante lo que vemos, porque en muchas ocasiones, nos anticipamos prejuzgando a una persona, cuando realmente no quiere decir eso, ya que nosotros mismos estamos preconcibiendo lo que queremos decir.

Si somos objetivos y no nos anteponemos y nos dedicamos exclusivamente a observar objetivamente el resultado que obtendremos, será mucho mejor.

LA CNV, ¿CUESTIÓN DE SEXOS?

Desde mi opinión, somos animales evolucionados, pero eso no ha hecho que dejemos de ser animales, y en cuanto a comunicación no verbal se refiere, queda claramente reflejado que será importantísimo tener en cuenta nuestro sexo y el sexo de nuestro interlocutor.

No es lo mismo la CNV si soy un hombre que si soy una mujer, ya que por evolución y educación, hemos aprendido a comunicarnos de distinta forma según nuestro sexo.

Ya en la cueva, en la prehistoria, cuando comenzamos a sociabilizarnos, empezamos a marcar unas reglas en dicha comunicación, que siglos después siguen estando en vigor, sobre todo en lo relativo al cortejo de ambos sexos, por lo tanto, será importante hacer esta diferenciación.

Todo el cuerpo de una mujer se contonea al caminar de diferente forma que lo hace el de un hombre, cuanto mayor sea su "baile" en dicho cortejo, mayores posibilidades de continuación de la especie tenemos.

Si sabes bailar bien tu supervivencia estará garantizada y de otra forma, te costará mucho más poder hacerlo.

Así que para explicar los gestos de todo nuestro cuerpo tendremos en cuenta tu sexo a partir de ahora, pues aunque gran parte de los gestos sean universales para ambos sexos, muchos otros serán diferenciales.

LA PROTAGONISTA ES TU CABECITA

Recuerdo que al comienzo de mi carrera como periodista, cuando la gente me preguntaba qué era lo que más me costaba en una entrevista, siempre pensaba que era saber si me estaban mintiendo o no mis entrevistados, si su rostro me indicaba algún pequeño atisbo de duda o de ocultación de la verdad.

Como ya os expliqué anteriormente, el estudio de la comunicación no verbal está totalmente unido a las emociones, pues será en este caso cuando realmente podremos detectar si el gesto es cierto o no y rara vez en una entrevista de prensa alguien puede dejar sus emociones fuera, ya que la mayoría de mis entrevistados se siente nerviosos ante dicha situación, como nos pasa a todos cuando nos interrogan sobre nuestra vida, pero... ¿mienten? ¿y por qué?

Hay que tener en cuenta que la mayoría de los gestos que hacemos con la cabeza, y con el resto del cuerpo, son involuntarios y no somos conscientes de que nuestra emoción nos está "obligando" a hacer un gesto sin que nosotros queramos hacerlo o seamos conscientes de él. Éstos son todos los relacionados con las emociones básicas de felicidad, temor, enojo, repulsión, tristeza y asco.

Según los investigadores el 55% de la comunicación no verbal radica en la expresión facial.

También tendremos en cuenta que hay unas reglas de exhibición a la hora de relacionarnos con otras personas, esto es, por un lado estarían los gestos que hacemos estando solos y que expresan nuestras emociones de forma natural, y por otro las expresiones que utilizaremos cuando hay otra persona en juego, ya que son las reglas de exhibición que nos han enseñado desde que nacemos y enseguida por repetición de los adultos las vamos aprendiendo, consciente e inconscientemente.

Lo primero que tendremos que aprender para detectar las emociones de una persona en el rostro es lo que llamamos las microexpresiones.

Las microexpresiones son expresiones emocionales involuntarias que duran apenas unos segundos, muchísimo menos tiempo que lo que duraría una expresión si se quisiera conseguir voluntariamente. Éstas abarcan todo el rostro, expresando en unos segundos la emoción que realmente está sintiendo la persona.

Por ejemplo, alguien puede sentir tristeza ante una noticia que le dan, como por ejemplo, un jefe que comunica a sus empleados que este mes habrá un retraso de unos días en el pago de la nómina.

En un primer momento puede haber una expresión de tristeza en el rostro, seguida de una pequeña medio sonrisa y una afirmación con la cabeza de conformidad, siempre y cuando sólo sean unos días.

La emoción de tristeza o desengaño, por ejemplo, se producirá en unos segundos involuntariamente, eso será una microexpresión e inmediatamente la persona esbozará una sonrisa como queriendo decir a sus jefe que entiende la situación.

Por lo tanto, si el jefe no está atento, no percibirá la microexpresión de desengaño o tristeza y al ver la sonrisa que se realizará de forma voluntaria, entenderá que ha sido aceptado el retraso sin mucho problema.

Pero cuando una persona debe mentir, se da lo que llamamos "una expresión abortada", esto es, parece que cuando nos damos cuenta de la cara que estamos poniendo y debemos de expresar otra emoción distinta, porque nos encontramos frente a una persona, "abortamos" la expresión, controlándola. Por tanto cada vez que encontremos una expresión abortada, habrá bastantes posibilidades de que se esté mintiendo.

Éstas duran más tiempo que las microexpresiones y se dan más habitualmente, ya que estamos controlando lo que sentimos, pero no será una prueba irrefutable de que ese individuo esté mintiendo, porque puede ocurrir que simplemente se esté poniendo nervioso o emotivo porque estén sospechando de él y eso haga que realice una microexpresión o una expresión abortada.

También puede ser que una persona inocente tenga miedo de que no le crean y por eso realice cualquiera de esos dos tipos de expresiones, o esté disgustado por verse acusado, o sienta culpa por alguna otra circunstancia. Por tanto no será suficiente con detectar una expresión de este estilo para juzgar a esa persona.

LOS GESTOS DEL CUELLO Y MOVIMIENTOS DE LA CABEZA

El cuello es una parte imprescindible en nuestro organismo a la hora de estudiar la cabeza ya que será lo que la una con el resto del cuerpo. Por tanto tendremos en cuenta su flexibilidad y los gestos que hacemos con él.

Si una persona se siente muy segura de sí misma cuando habla, generalmente no se tocará la nuca y mucho menos con dos manos, pero si lo que le estamos diciendo le incomoda, se la tocará incluso con dos manos, agarrándosela.

Y hablo de la nuca y no del pelo o la parte del escote debajo del cuello, simplemente la nuca. Cuando éramos pequeños y nuestros padres querían tranquilizarnos nos tocaban la espalda y la cabeza, pues bien, de adultos utilizamos el cuello como muestra de nuestra intranquilidad y nuestros miedos.

Si tu interlocutor se toca la nuca con ambas manos, esto significará que se siente muy incómodo ante tu presencia y no le gusta lo que está oyendo, y si lo hace sólo con una mano posiblemente estará comenzando a sentir dudas sobre lo que está oyendo y no se sienta muy seguro ante lo que debe decirte.

En cambio, si es una persona muy segura de sí misma, dirá lo que tenga que decir sin miedo y no necesitará "sosegarse" ella misma con este gesto.

Tras esta primera impresión deberemos de comenzar a observar la posición de la cabeza y el movimiento de la misma, ya que disponemos de un cuello muy flexible, que nos ayuda a comunicar las emociones que sentimos.

Asentir con la cabeza lentamente de arriba a abajo significa que estamos interesados en lo que nos están contando, en cambio si hacemos el mismo movimiento rápidamente, significa que queremos que la conversación acabe ya o intervenir en la misma porque lo que tenemos que decir es importante para nosotros.

Si inclinamos la cabeza hacia atrás puede interpretarse como un gesto de suspicacia, sospecha, defensa de lo que nos están diciendo o incredulidad.

En cambio inclinarla hacia delante mirando los pies puede denotar vergüenza por lo que oímos, o miedo de hablar, o incluso pena, inseguridad, rabia e incluso ante una discusión en la que tienen razón sobre lo que nos incriminan, aceptación del diálogo de nuestro interlocutor. No obstante si bajamos la cabeza hacia delante con la mirada alta y fija, puede significar que estamos atentos y nos gusta lo que nos dicen e incluso en las mujeres puede ser un gesto de seducción frente a un hombre, sobre todo si lo acompañamos con un media sonrisa y ladeamos un poco la cabeza hacia el lado derecho. De hecho, ladear la cabeza, teniendo a nuestro interlocutor cerca, significa acercamiento a éste, sentirnos atraídos por lo que nos dicen o por esa persona.

Este último gesto es muy utilizado por los personajes públicos cuando quieren "enamorar a su audiencia". ¿Recuerdas la postura de Lady Dy, con la cabeza ladeada al lado izquierdo, con una parcial mirada hacia abajo, representando casi a la virgen María y saludando con su manita?

Pues bien, esta postura significaba: "estoy con vosotros, pueblo", "me doy a vosotros".

¡ME ENCANTA TU PELO, MUÑECA!

El cabello desde el comienzo de la historia ha sido un vínculo muy importante con nuestras emociones, nuestra fuerza y nuestra forma de vernos en el mundo.

Mitos como Sansón y Dalila o en los últimos tiempos la película Avatar, en donde se utilizaba el cabello largo, nos hablan de la importancia que tiene en nuestra cultura y cómo se relaciona con el poder personal.

Lo primero que deberíamos de diferenciar es la circunstancia en la que nos encontramos para saber qué hacer con él.

A nivel profesional, el llevar el pelo recogido en las mujeres, denota más profesionalidad, higiene e incluso dependiendo del trabajo una mayor seguridad, ya que de esta forma evitaremos tocárnoslo constantemente y evitaremos poder dar una impresión incorrecta a nuestro interlocutor,sobre lo que queremos expresar.

En los hombres también será más conveniente llevarlo corto y bien arreglado, dando una mayor seguridad en uno mismo porque en ambos casos estaremos enseñando nuestra cara, demostrando que no tenemos nada que ocultar y la persona con la que nos relacionemos podrá ver claramente lo que nuestra cara le quiere decir.

En cambio si lo que pretendemos es seducir o atraer a otra persona, la cosa cambia.

En el caso de la mujer, llevar el pelo suelto y tocárselo puede significar dos cosas, apaciguamiento o acicalamiento.

Cuando estamos tensas o nos sentimos amenazadas, las mujeres tendemos a colocarnos el pelo detrás de las orejas, bajando un poco la cabeza y en el caso de los hombres peinándoselo desde las patillas hacia atrás.

Eso puede significar incomodidad o tensión en ambos casos, pretendiendo apaciguarnos, tranquilizarnos de alguna manera, como hacían nuestros padres en nuestra infancia, o se le hace a una persona enferma.

En cambio cuando lo que pretendemos es acicalarnos, bien para prepararnos para el cortejo o para seducir a nuestro interlocutor, el gesto cambia.

En el caso de las mujeres nos lo peinaremos hacia atrás con los brazos mostrando la parte interior de los mismos, mostrando así metafóricamente lo que llevamos dentro, y en el caso de los hombres se lo peinarán hacia atrás mostrando también el lado interior de los brazos.

Las mujeres nos lo tocaremos continuamente incluso cuando llevemos el pelo corto, donde lo que se tocará será el flequillo, y los hombres con poco pelo o calvos del todo se tocarán la cabeza en un gesto de total seducción.

Sería diferente si nos estuviéramos rascando la cabeza, lo que denotaría nerviosismo, o introversión, pensando en nuestras preocupaciones. Éste es un gesto que se debe de obviar si no queremos demostrarle inseguridad a nuestro interlocutor.

Si lo que hacen es jugar con él haciéndose pequeños tirabuzones, moviéndolo en forma de bucle o anudándolo, también denotará inseguridad en nosotros mismos, o miedos ocultos.

Así que ya sabes, querido amigo, ¡si lo que quieres es enamorar a tu interlocutor, tócate abiertamente el cabello y enséñale todo tu cuerpo!

CAPÍTULO 4

APRENDE A LEER TU CABECITA

MMM... ¿Y ESA MIRADA?

"Quien no comprende una mirada tampoco entenderá una larga explicación"

Proverbio árabe

Ya sabemos cómo podemos leer los movimientos de la cabeza, así que ahora nos vamos a centrar en la cara, que será lo siguiente que veremos en una persona cuando nos encontremos con ella.

Y, evidentemente, lo primero que nos llamará la atención serán sus ojos, su mirada, ya que, como se suele decir, "*la mirada es el espejo del alma*" y esta expresión tiene más de certera de lo que nos podemos imaginar.

Nuestros ojos dicen muchas cosas de nosotros, pueden decirnos cómo somos interiormente, cómo nos sentimos, si nuestro interlocutor nos gusta o todo lo contrario, si sentimos ira o enamoramiento, pueden decirnos todo lo que queramos saber si sabemos leerlos bien.

He de decir que no todo lo que veremos a continuación es una ciencia exacta, pero pertenece a la oculésica, la ciencia del movimiento de los ojos y del contacto visual y según numerosos estudios está comprobado que coincide en muchos casos así. Por tanto hay que recordar, como siempre, que tendremos que disponer de 7 u 8 ítems que signifiquen lo mismo para poder ratificar el significado total de un gesto.

Hay que saber que culturalmente está mal visto mirar a los ojos a otra persona directa y prolongadamente, pues se interpreta como un gesto de "mal augurio".

Se decía en la antigüedad que alguien había "echado mal de ojo" a otra persona cuando lo miraba intensamente, y en muchas culturas, como veremos en el capítulo 8, está prohibido mirar a los ojos directamente. Esto está muy unido al concepto de que los ojos son "el espejo del alma" y podremos interpretar lo que la otra persona está sintiendo.

En estudios realizados con primates, se ha llegado a la conclusión de que cuando se les mira intensamente éstos se sienten molestos, e incluso en muchas ocasiones sienten miedo por la persona que les mira.

Pues a los humanos nos ocurre lo mismo ya que, cuando alguien nos mira a los ojos, nos da la sensación de que está leyendo nuestras emociones. Por eso se pensaba en la antigüedad que la persona con capacidad para mirar fija y prolongadamente a los ojos sabía leer los pensamientos de los demás e interpretar las emociones... y esto es cierto.

Se ha demostrado que las personas con ojos grandes y expresivos son mucho más atrayentes para el resto y socialmente están mejor relacionadas.

¿Cuántas veces nos ha pasado conocer a alguien con ojos grandes y penetrantes y sentirnos en calma a su lado?

Por ejemplo, cuando vemos la foto de un bebé con unos grandes ojos verdes o azules, ¿la sensación no es de tranquilidad? Pues bien, la explicación es porque pareciera que está mostrándonos su interior y nos da la sensación de que no tiene nada que ocultar.

Tendremos que tener en cuenta el tamaño de los ojos en relación a la totalidad del rostro.

Las personas que poseen grandes ojos, con luz y expresivos, se asemejan a personas transparentes y confiables e incluso cuanto más abramos los ojos, más fiables le pareceremos a nuestros interlocutores.

Éstas poseen una personalidad positiva, observadora y analítica, aunque también suelen ser personas demasiado meticulosas y exigentes.

En cambio las personas de ojos pequeños, "viperinos", nos dan la sensación de ser poco fiables, al igual que una víbora, que pudiera mordernos en cualquier momento, ya que no podemos "leer" lo que sus ojos nos quieren decir. Suelen ser tercas y les cuesta mucho admitir que se equivocaron, aunque también suelen ser personas muy astutas, alegres y generosas.

Los ojos semi cerrados delatan una personalidad aventurera y reflexiva aunque siempre ocultan lo que en realidad sienten. Las personas con ojos redondos hacen amigos fácilmente, tienen poder de decisión, son afectuosos y sinceros, aunque si los lastiman son vengativos y guardan resentimiento de por vida. Las personas con ojos alargados o rasgados son muy sensibles, aunque pueden denotar seguridad ante los demás, son introvertidos, soñadores y sensuales.

Los ojos atónitos, casi sin movimiento, indican envidia, pereza, debilidad de juicio e indiscreción. Los hundidos son propios de personas celosas, embusteras, mañosas y coléricas y si además estuvieran entrecerrados podríamos estar enfrente de una persona con grandes disfunciones mentales. Los ojos saltones definen personalidades de sujetos extravagantes, que aunque puedan tener buen carácter y sean afables y bondadosos, pueden resultar inconscientes en sus vidas.

También deberemos tener en cuenta la posición de los ojos: si están separados, juntos u oblicuos. Los ojos separados (cuando la distancia que existe entre los extremos más próximos entre ellos es superior a tres centímetros) caracterizan a las personas dotadas de un ego extremadamente fuerte, oportunistas a menudo sin escrúpulos, que intentan aprovechar cualquier situación en beneficio propio. Son personas de trato difícil que cuentan con pocos amigos y a las que no les interesa para nada la amistad de los demás.

Los ojos juntos: cuando la distancia que separa a los extremos más próximos de ambos ojos es de menos de tres centímetros, caracterizan a personas francas, leales y cordiales, muy atentas y afables y con ganas de servir a los demás. Algunas son personas extremadamente tristes que han sufrido mucho en la vida. Su carácter es positivo e intentan superar cualquier dificultad. Aman lo racional y lo concreto, algunas tienen rasgos irónicos y un sentido de humor muy particular.

Los ojos oblicuos pueden ser hacia el interior del rostro o hacia el exterior.

Los primeros son propios de los pueblos orientales, pero aparecen en la fisonomía de otras razas. Caracterizan a personas sensibles y tímidas. En cuanto a los segundos, son característicos de personas románticas e ingenuas y propensas al sufrimiento. Su trato es dulce y melancólico y proclive a la tristeza.

La siguiente característica a tener en cuenta será el color de los ojos de las personas.

- **Ojos negros o café oscuro:** Están dotados de una personalidad fuerte, capacidad para el raciocinio, suelen utilizar la astucia para conseguir sus objetivos. Son menos sensibles que el resto a los estímulos físicos y al dolor y suelen ser más pasivos.

- **Ojos café intermedio:** Son personas emotivas y se rigen por lo intuitivo. Suelen ser muy creativos, visionarios y soñadores. No suelen gustarles mucho las responsabilidades administrativas y les gusta mucho el buen comer, la gente y llamar la atención.
- **Ojos café claro:** Suelen ser emotivos y muy sensibles. Trabajan muy bien en equipo, siendo muy intuitivas. Suelen tener una personalidad popular debido a sus explicaciones lógicas.
- **Ojos grises:** Suelen ser ojos muy atractivos y son personas coquetas y preocupadas por agradar por lo que suelen tener tendencia al engaño y la mentira, aunque son joviales y optimistas.
- **Ojos verdes:** Estas personas se debaten entre la lógica y la intuición. Tienden a ser controladoras y poseen un carácter cambiante entre el buen y el mal humor, aunque suelen ser personas de muy buen corazón y benevolentes.

  Suelen ser expertos creadores, escritores, artistas, grandes genios y son extremadamente sensibles y fáciles de herir, además de indecisas y celosas.

  Suelen ser personas muy valientes ante las dificultades en la vida y muy inteligentes. En cambio a las personas de ojos verdes azulados les gusta la responsabilidad y la acción y les suele gustar las ingenierías y las matemáticas. Las mujeres tienen las mismas habilidades que los hombres, prefiriendo actividades políticas y sociales antes que las labores domésticas y los quehaceres del hogar.

  Así que podemos encontrar muchas mujeres solteras con estos ojos.

- **Ojos azules claros:** Generalmente son personas ambiciosas, mentales y muy prácticas para los negocios; aunque lentas en entender, son rápidas en actuar. Suelen poseer mucha imaginación y fantasía y no piden mucho afecto de los demás ya que tampoco lo dan.

  Si es un azul grisáceo, serán un poco más emotivas que mentales y más calmadas, pero con explosiones de ira y de difícil admisión de sus errores.

  En cambio los ojos azules verdosos son más impulsivos y aunque predomina la lógica también dan importancia a la emoción. También tienen reacciones más rápidas, por tanto toman mejor las decisiones y tienen una gran capacidad de relaciones humanas.

TUS OJOS HABLAN SOLOS

Tras el impacto de ver unos ojos y quedarnos con lo más superficial, que es su tamaño y color, pasaremos a fijarnos en el movimiento de los ojos de nuestro interlocutor.

Los movimientos oculares nos permiten conocer cómo representa interiormente una persona su mundo interno. Estas representaciones son para cada persona su mapa de la realidad. Los descubridores de la PNL, programación neurolingüística, Bandler y Grinder, tras muchos estudios, descifraron qué podían significar los movimientos oculares en la mayoría de los casos y descubrieron, tras estudios neurológicos, que el movimiento del ojo está asociado con la activación de distintas partes del cerebro. El ojo está conectado al cerebro por un nervio que es el encargado de acceder a la parte necesaria del cerebro según lo necesite.

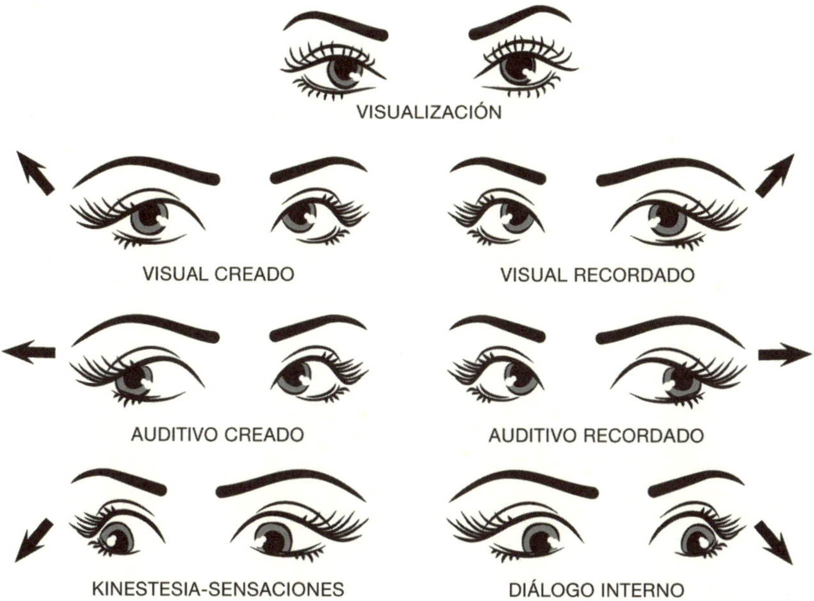

Por ejemplo, se dieron cuenta de que la mayoría de las personas mueven el ojo hacia arriba y a la izquierda para encontrar imágenes recordadas, por ejemplo. Si tú le preguntas a alguien "¿qué has hecho este verano?", la persona mirará a la izquierda hacia arriba. En cambio si todavía no ha vivido la situación y tiene que imaginarla o quiere mentir mirará a la derecha hacia arriba, ya que es el canal de los sueños, la creatividad y los proyectos que se han de desarrollar.

Pero si lo que buscamos es un sonido recordado, moveremos los ojos a la izquierda a la altura del oído, de forma lateral y si queremos crear un nuevo sonido será al lado derecho. Por eso se dice que este es el canal de los músicos, conferencistas al crear su discurso, los compositores, etc.

En cambio cuando miramos hacia abajo a la izquierda generalmente significará que necesitamos resolver un problema o sacar conclusiones acerca de una situación, pero si lo que tenemos es la necesidad de sentirnos emocionales, o sentir nuestros sentimientos, miraremos abajo a la derecha.

También las personas con tendencia a la depresión suelen mirar así, por lo que habrá que hacerles cambiar ese canal y que no miren constantemente hacia abajo.

No obstante hay que tener en cuenta que si la persona es zurda, esto puede cambiar, teniendo las claves oculares cruzadas, o sea en el otro lado.

Por tanto pongamos unas preguntas para que puedas practicar:

- Si pretendemos hacer un proyecto, imaginarlo, ¿dónde deberemos mirar?
- ¿Y si lo que queremos es tener un recuerdo emotivo, por ejemplo de nuestras últimas vacaciones?
- Si queremos acordarnos de un evento del pasado, ¿dónde miraremos?
- Si tenemos un estado anímico negativo, ¿hacia dónde deberemos evitar mirar?

Te animo a que practiques estos movimientos en relación a la conducta que quieras desarrollar, para controlar tus estados emocionales o agilizar tu memoria.

Verás cómo comienzas a controlar mejor tu realidad.

"Sus palabras decían de memoria lo que dicen todas, sus pupilas contaban historias para no dormir"

Joaquín Sabina

Otro factor importante a tener en cuenta es la dilatación de la pupila. La pupila es ese puntito negro que tiene la capacidad de dilatarse o reducirse como si fuera el objetivo de una cámara fotográfica.

La pupila es el orificio por donde pasa la luz hacia el interior de nuestros ojos, para ser enfocada sobre la retina. Alrededor de la pupila se encuentra el iris, músculo encargado de contraerse y relajarse para poder dejar pasar mayor o menor cantidad de luz. Equivale al diafragma de las cámaras fotográficas y funciona igual: a mayor luz, menor abertura; y en condiciones de oscuridad, el iris deja pasar toda la luz que sea posible, dilatando la pupila con el fin de poder ver cuando hay poca luz.

Será nuestro cerebro el encargado de decirle a los ojos qué cantidad de luz debe dejar pasar en función de la luz ambiental y al mismo tiempo adaptar el tamaño de la pupila según los estímulos emocionales que detecte.

Ya en la Edad Media, las cortesanas solían emplear belladona, una planta medicinal utilizada para dilatar las pupilas y parecer más atrayentes, ya que parece ser que nuestro cerebro se siente atraído por las personas que tienen las pupilas dilatadas, ya que indican sensualidad en la persona que las posee.

Otro efecto similar sucede en las situaciones de alerta y amenaza. Nuestro sistema nervioso simpático nos prepara para la lucha o la huida, provocando una serie de cambios en nuestro organismo para estar preparados en caso de necesidad.

Estos cambios incluyen: dilatación bronquial, aumento de las respiraciones y de las pulsaciones del corazón y el flujo sanguíneo cerebral, así como una dilatación pupilar. De esta forma, si hay que salir corriendo, tendremos nuestro cuerpo oxigenado, a pleno rendimiento y con todos los sentidos bien alerta. Por lo tanto es únicamente supervivencia de nuestra raza, plena evolución del ser humano para poder aprender a sobrevivir y a relacionarnos.

Cuando se nos dilatan las pupilas se nos reproducen en parte nuestras emociones, esto significa que nos estará indicando que por alguna razón nos sentimos atraídos por esa persona, o proyecto, o todo lo contrario, ya que ocurrirá tanto con las cosas que nos gustan mucho como con las que nos disgustan o nos dan miedo.

Cuando nos encontramos felices ante cualquier situación las pupilas se dilatarán de igual manera que cuando nos sentimos asustados y con ganas de salir corriendo.

Es como si nuestro cerebro le dijera a nuestros ojos "*Cariño abre bien esos ojitos que no puedes perderte esta situación y necesitas sobrevivir o ganar a la mejor presa*" (si es en el caso del enamoramiento).

Y una de las pruebas más concretas de que esto es así es en lo relativo a la atracción sexual.

Cuando nos sentimos atraídos sexualmente por nuestro interlocutor, es como si, por supervivencia de raza y reproducción de la especie, necesitáramos decirle a gritos que estamos atraídos por él y que él es el elegido.

Entonces nuestro cuerpo, al excitarse, dilata las pupilas considerablemente. Por eso si queremos saber si le gustamos a una persona sexualmente, tendremos que fijarnos si sus pupilas se dilatan en nuestra presencia al mirarnos intensamente a la cara.

Paradójicamente el hacer el amor con una persona se ha relacionado con la oscuridad y poca luz ¿no te parece sorprendente que no queramos ver señales de nuestro ser amado cuando vamos a hacer el amor?

Esto es porque si lo hacemos con luz podemos observar más claramente lo que esa persona siente por nosotros que si lo hacemos sin luz. Cuando yo puedo ver los rasgos de la persona a la que amo en el acto sexual, podré detectar si esa persona siente o no siente nada por mí, así que ¡atentos! Si quieres saber lo que siente realmente tu pareja por ti, haz el amor con los ojos abiertos y mirando intensamente a tu pareja y podrás detectar la atracción que siente por ti realmente.

Cuanto mayor sea la intensidad de tu mirada, mayor será tu atracción sexual y mágicamente podrás hacer que el acto sexual también sea más intenso si buscas los ojos de esa persona e intentas descifrar lo que éstos te dicen.

Más adelante hablaremos de otros rasgos como la dilatación de las fosas nasales, que también serán una señal, pero la primera y más clara serán nuestras queridas pupilas.

Así que ya tienes otro paso para saber si le gustas o no a esa persona especial.

Pero, ¿para qué más podemos utilizar la lectura de esta dilatación pupilar?

Un campo muy importante es el campo de las ventas y el marketing.

Ya en muchas culturas orientales, utilizaban gafas de sol en las ventas para evitar que su comprador o el vendedor pudieran descifrar si se sentían atraídos por la mercancía que tenían que adquirir.

¿Recuerdas películas en la que los chinos u orientales vendían en los mercados con gafas de sol? Pues la razón era ésa exactamente, la dilatación de las pupilas.

¿Y nunca te has preguntado por qué muchos jugadores de póker llevan las gafas de sol cuando juegan? Pues bien, la razón es la misma.

Si nuestro adversario ve que tenemos los ojos dilatados podría intuir que tenemos una buena mano y podríamos perder nuestra partida.

El cine también ha utilizado este recursos en películas como Minority Report del director Steven Spielberg, en la que se reconocía a través del iris la personalidad de los habitantes, o en la película Bade Runner del director Ridley Scott, donde la única forma de detectar a los replicantes era la comprobación pupilar, ya que eran seres carentes de emociones y sus pupilas no se dilataban.

Resumiendo, las situaciones en las que se producirán dilataciones de las pupilas serán las siguientes:

Enamoramiento, preferencia sexual, ansiedad, miedo, incertidumbre y alerta ante el peligro, exceso de alcohol o drogas, sabores desagradables o visualización de escenas desagradables.

Otra características de la dilatación de las pupilas serán "las mentiras", si alguien nos está mintiendo evitará que le miremos a los ojos subiéndolos generalmente al lado derecho y además no se le dilatarán las pupilas, ya que no se sorprenderá ante lo que le estamos diciendo.

Si hay una sorpresa ante lo que le decimos, se le dilatarán las pupilas, pero si está inventando lo que nos dice no se le dilatarán.

Por lo tanto si tienes la fortuna de tener unos enormes ojos grandes, expresivos y se dilatan tus pupilas con facilidad, ¡premio! Serás la persona mejor relacionada de su entorno y más sensual del mismo, ¡no lo dudes!

Y por último en lo referente a los ojos nos centraremos en la mirada en sí misma.

La mayor parte de los contactos oculares entre dos seres humanos comienzan con una mirada fuerte e intensa, pero ¿cuánto es el tiempo que debo de mirar a mi interlocutor?

Pues bien, si lo que quiero es causar buena impresión y crear empatía con él y que se sienta escuchado por mí, tendré que mirarle a los ojos entre el 60/70% del tiempo, todo lo que baje de este tiempo significará querer ocultar datos o algo sobre mi persona y la otra persona puede sentirse no escucha, incómoda o hasta engañada.

Pero es cierto que si la relación es meramente profesional o de negocios, habrá que evitar miradas directas durante mucho tiempo seguido, al contrario que en una mirada íntima.

Tipos de mirada

Podremos diferenciar entre 6 tipos de miradas distintas:

- **Mirada social:** Es la que realizamos para comunicar amabilidad, empatía y apertura con nuestro interlocutor y cuando alguien tiene interés en otra persona realizará este tipo de mirada. Es una mirada que conseguirá atraer al público, por ejemplo ante un discurso. Una nota especial para las mujeres: si no se hace correctamente y seguimos observando otras partes del cuerpo, puede ser malinterpretada por los hombres como un arma de seducción que estemos empleando. Por lo tanto deberemos de utilizarla muy escrupulosamente sin desviarnos de dicho triángulo.

La mirada que deberemos de realizar con nuestros ojos es el triángulo que se forma entre los ojos (pómulos a la altura de los ojos) y la boca. Primero miraremos al ojo izquierdo, pudiendo prolongarla desde el pómulo izquierdo, después el derecho hasta el pómulo y seguidamente, como formando, dibujando, un triángulo invertido, bajaremos hasta la boca, recorriendo ese triángulo invertido entre esos tres puntos.

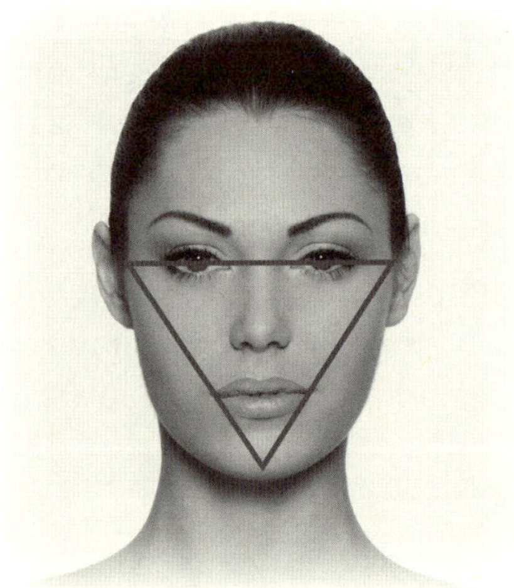

- **La mirada Profesional/negocios:** Esta mirada queda exclusivamente relegada al mundo de los negocios, o la docencia, en un primer grado. Muy útil en el mundo de las ventas, si consigues realizarla bien, tu interlocutor se sentirá cómodo contigo, pero sin sentirse obligado a comprar algo que no quería. Transmite seguridad, confianza y mucha seriedad.

Se realizará de la misma forma que la social pero en esta ocasión será un triángulo en posición normal, no invertido entre los ojos y la frente. Primero miraremos desde el ojo derecho hasta la frente, como dibujando con nuestra mirada un triángulo, una línea hasta el centro de la frente, después bajaremos hasta el ojo izquierdo y del ojo izquierdo pasaremos al derecho nuevamente, creando dicho triángulo mentalmente.

- **La mirada íntima:** Ésta es la mirada del enamoramiento o de la atracción sexual. Si quieres enamorar a alguien con tu mirada será la que deberás de utilizar, pero queda totalmente prohibida para el mundo de los negocios o donde queramos transmitir una sensación de calma y tranquilidad, ya que esta mirada será muy sensual y por ello queda relegada exclusivamente al vínculo íntimo. Si la otra persona nos responde mirándonos de la misma manera, ¡bingo! El ligue estará asegurado.

Ahora, podría ocurrir que no fuera así y entonces nuestro interlocutor se sentirá bastante molesto y ofendido, por lo que habrá que tener mucho cuidado con esta mirada.

Se realiza comenzado desde el ojo izquierdo en línea hacia el derecho y bajando por el resto del cuerpo hacia el mentón, a la nariz, la boca, el cuello, los pechos, el vientre, los genitales, así recorriendo todo el cuerpo lentamente. Si no percibimos que nuestro interlocutor la realiza, abstenerse de volver a realizarla porque puede haber un conflicto dentro de la comunicación.

- **La mirada fija:** Es la mirada intimidatoria, dando un mensaje a nuestro interlocutor de amenazarle, así que sólo se deberá de utilizar en esos casos.

  Por tanto si acabas de conocer a alguien y no quieres producir este efecto sino el contrario, evita a toda costa realizarla.

- **La mirada de reojo:** Es cuando observamos a alguien lateralmente y no de frente. Es una mirada complicada a la hora de ser leída por nuestro interlocutor porque aunque en principio nos va a transmitir inseguridad, si se acompaña de un movimiento de levantar las cejas, querrá decir que estamos interesados en lo que nos dicen y, en ocasiones, dependiendo de la relación, puede llegar a transmitir complicidad si tenemos muy buena relación con nuestro interlocutor, o seducción si va acompañada de otros gestos corporales.

- **La mirada esquiva:** Esta mirada va unida habitualmente al engaño o a la inseguridad. Cuando alguien nos mira esquivamente significa que o bien nos está mintiendo o bien se siente muy inseguro ante nuestra presencia.

Si además esta persona parpadeara mucho podría ser que no está segura de lo que dice y están mandando sus ojos señales al cerebro para que le envíe la información necesaria antes de hablar.

Así que si quieres aparentar ser una persona segura de ti misma, evita esta mirada en cualquier situación y sobre todo en el entorno profesional.

¡DIOS MÍO... PERO QUÉ SONRISA MÁS BONITA TIENES!

"Una sonrisa en mi rostro no significa la ausencia de problemas sino la habilidad de ser feliz por encima de ellos"

¿Quieres ser feliz cada día de tu vida? La felicidad no es un objetivo al que llegar sino un estado emocional diario que depende de nosotros y la antesala para poder conseguirlo es la sonrisa.

La sonrisa es un gesto de supervivencia y si volviéramos nuevamente a la cueva veríamos que gracias a ella podemos sobrevivir en el medio.

Cuando sonreímos nuestro interlocutor lo transforma en una síntoma de venir en son de paz, de que somos seres sumisos y de que deseamos la aceptación de él. Y es así, la sonrisa es un gesto de sumisión que hace que las demás personas reaccionen positivamente hacia nosotros. Por lo tanto tendremos que saber que la sonrisa es un gesto de sumisión que realizamos los seres humanos para poder relacionarnos en paz. Por el contrario, las personas que no sonríen tendrán muchos más problemas a la hora de relacionarse normalmente y su comunicación será mucho más complicada. De hecho sabemos que los animales cuando tienen miedo o van a atacar se quedan serios y nos enseñan sus dientes, pues bien, nosotros haremos exactamente lo mismo que cualquier otro animal. Enseñamos nuestros dientes cuando estamos enfadados, borrando la sonrisa de nuestra cara.

Además de ello está comprobado que las personas que sonríen son mucho más felices que las que no lo hacen habitualmente, porque en general mediante la sonrisa liberamos endorfinas que son péptidos (pequeñas proteínas) derivados de un precursor producido a nivel de la hipófisis, una pequeña glándula que está ubicada en la base del cerebro.

Estas moléculas son conocidas como las de la felicidad y son las encargadas de nuestros estados anímicos. Cuando sonreímos mucho generamos dichas hormonas y viceversa, cuando tenemos altos niveles de endorfinas sonreiremos más.

Una forma de producirlas es a través de la alimentación, ingiriendo proteínas que se encuentran por ejemplo en los huevos, las carnes, el pescado o el marisco, y habría que evitar comidas ricas en grasas para que las endorfinas no bajen.

Hay ciertas sustancias como el chocolate que también las producen pero su efecto es muy rápido y una vez pasado puede haber una bajada importante de estas sustancias y puede ser contraproducente.

También los deportes las generan, sobre todo los deportes de alto riesgo, las caricias, los masajes, la relajación y por supuesto la meditación que siempre acompañaremos con una sonrisa en nuestra boca.

Sobre mostrar los dientes inferiores y superiores al sonreír: Una de las primeras cosas que deberemos de saber será que para transmitir tranquilidad a nuestro interlocutor habrá que evitar enseñar los dientes inferiores y superiores a la vez, ya que esto puede poner nerviosa a la otra persona. Además este tipo de sonrisa irá acompañada generalmente de mucha tensión en el cuello y lo que transmite es: "no soporto por más tiempo esta tensión, cállate ya".

Como ya sabemos nuestro cerebro es muy inteligente y tiene la capacidad de saber cuándo una sonrisa es verdadera o falsa y reaccionará automáticamente como si fuera un espejo de la persona con la que hablamos, debido a las neuronas espejo que poseemos.

Es por ello que cuando alguien está enfadado a nosotros nos cuesta mucho más sonreírle que cuando alguien tiene una expresión de alegría y felicidad.

Es importante saber que cada persona tiene una sonrisa especial y distinta, así que ésta habrá que analizarla con el resto de la cara en general, pero vamos a ir viendo tipos de sonrisas para detectar qué significa cada una.

Tipos de sonrisa

"Es más fácil obtener lo que se desea con una sonrisa que con la punta de la espada"

William Shakespeare

Sonrisa falsa

Las sonrisas falsas se detectan en primer lugar porque los ojos no sonríen, los ojos están serios, no tienen luz y no miran a ningún lado y además un lado de la sonrisa será distinto al otro. Esto es porque ambos hemisferios cerebrales están luchando por igualarse.

Tenemos que saber que las expresiones faciales se gestan en el hemisferio derecho, que es el de la creatividad y la emoción y si estamos engañando este hemisferio querrá que el izquierdo sonría también y entrarán en una batalla campal entre ellos y veremos reflejada la falsedad de la sonrisa en el lado izquierdo de nuestra cara, ya que no podremos controlar ese hemisferio. Por tanto si uno de los lados de la boca se encuentra más levantado, generalmente el izquierdo, a no ser que seas zurdo, estarás mintiendo.

Presentaremos los pómulos relajados, los ojos abiertos normalmente y las comisuras de la boca elevadas de forma moderada.

En la sonrisa falsa y sarcástica posiblemente se levantarán también una u otra ceja alternativamente.

Tienes que saber que las personas que mienten deliberadamente tienen una tendencia a sonreír menos, porque creen que de esa forman serán más serios en sus argumentos, lo es un error, ya que deberíamos de hacer todo lo contrario.

Sonrisa verdadera

La primera característica es que como los dos hemisferios cerebrales van a actuar simétricamente, ambos lados de la cara sonreirán por igual, por tanto no encontraremos un lado del labio más levantado que otro, sino todo lo contrario: será una sonrisa que mostrará generalmente los dientes superiores.

Por otra parte los ojos también sonreirán al unísono de la boca, nos mostrarán unas arrugas en los laterales, como si fueran unas pequeñas sonrisitas boca abajo, lo que llamamos pequeñas patas de gallo. Por eso suelen decir que las personas que sonríen mucho suelen tener arrugas alrededor de los ojos y en las comisuras de los labios.

Por tanto presentaremos los pómulos tonificados, ojos entrecerrados y las comisuras de la boca muy elevadas.

Aunque se sabe que una persona que sonríe mucho tiene un aspecto mucho más juvenil en el rostro por la felicidad que conlleva la sonrisa, es cierto que puede arrugarse más esa zona, pero por el contrario la gente que no es feliz mostrará otras arrugas de expresión.

La mandíbula hacia abajo

Ésta es característica de la publicidad y los políticos y se caracteriza por bajar la parte inferior de la boca como en señal de juego, de forma divertida. Pero hay que tener cuidado con ella porque es fácil que dé la sensación de falsedad al estar mostrando toda la dentadura a la vez.

La sonrisa mirando desde abajo

Ésta es la sonrisa de Diana de Gales, muy común también en los países asiáticos u orientales, y es la sonrisa típica de los niños cuando han cometido una travesura y de la seducción en las mujeres.

Cuando la hacemos estamos mandando un mensaje de indefensión, de inocencia y de "no haber roto un plato". Por eso Diana de Gales la utilizaba, ya que los hombres se sentían atraídos por ella al sentir que debían de protegerla y las señoras al verla indefensa sacaban su lado maternal y de cuidado hacia ella.

Otro gesto que solemos realizar con nuestra boca es cuando nos la tapamos con la mano, lo que significa que estamos evitando decir lo que pensamos, o que lo que estamos oyendo no nos termina de convencer.

Pero estos gestos los volveremos a retomar cuando veamos el significado del movimiento de nuestras manos.

¡Y TU BOCA!

En cuanto a la forma de la boca nos encontraremos a personas de distintas personalidades que como siempre iremos comparando con el resto de rasgos de la cara para poder certificar que esto es así:

Una boca grande muestra una persona extrovertida y abierta a los demás.

Una boca pequeña indica que la persona elige las palabras y piensa bien antes de hablar.

Una boca pequeña y bien formada la poseen personas más bien dependientes y serán buenos empleados, simpáticos y carismáticos.

En cuanto a los labios, su grosor nos indica las siguientes cualidades:

- **Los labios gruesos:** Son personas con mucha sensualidad y suelen resultar cariñosos amantes.
- **Labio superior más fuerte:** Hablan poco, sólo lo necesario.
- **Labio inferior más fuerte:** Una persona muy intuitiva. Si es abultado indica una más que probable necesidad de comer y hablar.
- **Labios medianos del mismo tamaño:** El carácter equilibrado.
- **Labios finos ambos:** Personas insensibles.
- **Labio inferior hacia delante:** Grandes oradores.
- **Labio superior hacia delante:** Personas reservadas.

Espero que con esto tengas ya una buena dosis de herramientas para poder analizar la boca de tu interlocutor y poder sacar más información sobre esa persona.

¿Y ESAS CEJAS?

Al igual que hemos visto con la boca, las cejas se dividirán en las características que representan según su forma y el significado de sus gestos y de lo que hacemos con ellas.

Debemos tener en cuenta 7 características que influyen en el estudio de la personalidad, afectando a la observación de las cejas:

- **El hueso frontal** por debajo de las cejas es prominente, haciendo que éstas sobresalgan hacia delante: es un individuo afortunado, de buen corazón, reconocido por sus buenas acciones.
- **Las cejas delgadas:** Cualquiera que sea su forma, pertenecen a individuos que se desempeñan con facilidad en el ámbito de las relaciones publicas, ya que mantienen un trato amable y cordial con sus semejantes.
- **Las cejas muy oscuras** pertenecen siempre a personas dominantes y ególatras, siempre atentas a sus propios intereses.
- **Las cejas con crecimiento del vello en diferentes direcciones** indican una vida sexual promiscua o sin control.
- **Las cejas suaves y formadas:** Pertenecen a individuos agradables, que controlan sus emociones.
- **Si el extremo externo de la ceja tiene el vello con crecimiento hacia arriba**, la persona es dependiente y necesita apoyo y consejo de amigos y familiares.
- **Los pelos largos en las cejas de individuos de más de 40 años** indican que la persona será longeva.

Y según su forma se caracterizan en:

- **Cejas pobladas:** Son cejas gruesas y con una pronunciada curvatura, que pertenecen a individuos con una excelente ubicación económica y grandes logros financieros.

  Las relaciones que mantienen estos individuos son amables, sinceras y respetuosas, que habitualmente gozan de la vida y de buena salud.

- **Cejas semipobladas:** Son cejas muy pobladas cerca de la nariz, que se van desdibujando paulatinamente hacia las sienes.

  Son características de personas amables, sociables, comunicativas, colaboradoras y capaces de dirigir proyectos con contenidos sociales o comunitarios.

- **Cejas delicadas y finas:** Son cejas que parecen dibujadas sobre la frente, y que corresponden a individuos benevolentes, de buen trato, dedicados a la familia y a funciones sociales relacionadas con la comunicación y con la caridad.

- **Cejas arqueadas:** Generalmente se caracterizan como personas sensibles y equilibradas con relación a su vida emocional y profesional. Alcanzarán los objetivos propuestos sin problemas.

- **Cejas rectas:** Predominan en las personas con éxito laboral que tienen buena salud y son amantes del trabajo bien hecho y el deporte.

  Tienen pocas relaciones amistosas o afectivas. Son muy competitivos, y puede hasta renegar de la vida familiar.

- **Cejas caídas:** Son individuos que aparentan debilidad y se muestran como víctimas en forma constante.

En realidad poseen una mentalidad calculadora, que usa su imagen para obtener cosas de los demás.

No son individuos emprendedores, y cuando logran sus objetivos, lo hacen por medio de la seducción. Carecen de capacidad para enfrentar o resolver problemas.

- **Cejas cortas:** Estas cejas pertenecen a individuos ambiciosos e independientes, afectivamente inestables, apasionados y vehementes. Suelen ser excelente como amantes, pero con una personalidad irascible y egoísta.
- **Cejas elevadas:** Son personas realistas, positivas y optimistas, extrovertidas, con gran capacidad para llevar a cabo sus objetivos personales y de buenas formas socialmente.

  Poseen un gran autocontrol y ambición con una agresividad controlada.
- **Cejas angulares:** Tienden a ser individuos creativos con capacidad de dirigir negocios de éxito, pero generalmente no saben cuándo deben retirarse ante un negocio. No son fieles, ni en los afectos ni en el trabajo o la amistad. Tienen dotes para ejercer el mando.
- **Cejas redondeadas:** Son personas con un gran apego a los bienes tangibles, como los bienes inmuebles, terrenos, departamentos, etc.

  Generalmente son terratenientes, agentes inmobiliarios, propietarios que negocian con estos valores.

  Suelen ser dominantes y con tendencia a los caprichos, pero laboralmente serán serios y duros sin perder las buenas formas.

- **Cejas unidas:** Suelen poseer un carácter negativo y violento, con poco control de sus actos, impulsivos y conflictivos.

Los movimientos de las cejas y lo que comunican

Las cejas tienen una gran variedad de movimientos y en cuanto a su comunicación no verbal podrán significar diferentes posibilidades, como veremos a continuación:

Cuando una persona levanta las cejas es porque conoce la respuesta a una pregunta que le formulan, pero si no es así, ¿por qué se levantan las cejas?

Pues bien, puede ser por 3 razones básicamente:

1. **Expresar sorpresa:** Cuando algo nos sorprende y no lo conocemos, instintivamente "abrimos" los ojos para ver con más detalle lo que tenemos alrededor, el papel de las cejas en esta ocasión es acompañar ese movimiento de los ojos.
2. **Exclamación:** En muchas partes del mundo levantar las cejas se usa para dar fuerza a una afirmación, como cuando ponemos el signo "!" al final de una oración.
3. **Expectación crítica:** Ante algo que nos cuentan y queremos criticar por envidia o por no estar de acuerdo con ello.

Hay que decir que estos gestos se pueden observar también exclusivamente levantando una ceja, lo que ocurre es que muchas personas son incapaces de realizarlo sólo con una ceja y por eso levantan las dos, pero el significado de levantar una ceja o las dos será exactamente igual.

También podemos levantar las cejas cuando sentimos dudas sobre lo que nos preguntan o cuando estamos ocultando información, mintiendo, acerca de lo que nos preguntan.

Por ejemplo si alguien te preguntara sobre algo que no quieres contestar podríamos levantar las cejas.

Una mujer le pregunta a su marido a qué hora llegó ayer por la noche y él responde "no sé, entre las 3 o las 4 h de la madrugada".

Seguramente al responder levantará una o las dos cejas: aunque sabe perfectamente a qué hora llegó, no quiere decir la verdad y miente y al hacerlo levanta las cejas.

También es utilizado como signo de ironía ante lo que oímos y como signo de incredulidad.

¿Y si nos pica la ceja? Cuando nos rascamos la ceja debido a un picor, esto significará que no estamos creyendo a nuestro interlocutor y que lo que nos dice nos suena mal y no nos gusta. Entonces sentiremos un picor, que veremos más adelante en el capítulo de micropicores, y nos rascaremos la ceja como síntoma de no creer lo que nos dicen.

Y cuando fruncimos un poco las cejas, ¿qué significa? Pues bien, significará confusión, no tener claras las cosas, pero si las fruncimos totalmente, nuestro estado será de enfado absoluto y de desacuerdo con nuestro interlocutor.

Y por último señalar que cuando bajamos las cejas significará incomodidad o sospecha, en la misma línea que con el resto de los gestos de nuestras cejas.

¿Y LA NARIZ?

¿Cuántas veces hemos oído la expresión, "*esto me huele mal*"? Pero... ¿qué queremos expresar cuando lo decimos?

Aunque en la actualidad el ser humano ha perdido gran parte de su olfato debido a perfumes, ambientadores y todas aquellas sustancias que el hombre ha ido diseñando para cubrir nuestro olor corporal, lo cierto es que nuestro olfato es más poderoso de lo que parece. Según las investigaciones llevadas a cabo en la Universidad de Vanderbilt, la gente puede detectar el olor de sus parientes de una forma sorprendentemente precisa.

Nuestra nariz fue el primer órgano sensitivo que desarrollamos por evolución y el que más importancia tendría en nuestro desarrollo de la evolución y de nuestra intuición. Posteriormente desarrollaríamos la vista y el resto de los sentidos, pero el olfato es el primer miembro del cuerpo para poder sobrevivir en la especie a través de los sentidos.

Nuestra nariz es capaz de seguir una pista, si está dispuesta a olfatear el suelo cuando un pie desnudo o con calcetines ha pasado por allí hace poco tiempo. No solamente 19 niños de 24 fueron capaces de identificar a sus hermanos sólo por el olor de sus camisetas usadas, sino que 16 de 18 padres pudieron encontrar a sus hijos solamente por el olor.

La pérdida del olfato se denomina anosmia y es tan duro perder este instinto como cualquier otro porque perderemos una gran parte de nuestra percepción en el mundo.

Por tanto, somos capaces de detectar a través de la nariz lo que ocurre en nuestro entorno, aunque sea un sentido poco utilizado. Esa expresión de "me huele mal" significará que no nos estamos creyendo lo que vemos o nos cuentan, que hay algo en el mensaje de nuestro interlocutor que no nos gusta y automáticamente sentiremos como un pequeño micropicor en la nariz, ya que nuestro cuerpo nos emitirá una señal de que algo no va bien en esa comunicación o en eso que estamos viendo y para prevenirnos de tomar precaución, nos picará la nariz.

Cuando se sienta ese pequeño picor habrá que tener cuidado porque es la señal que nos está mandando nuestro cuerpo de que las cosas no funcionan bien, que alguien nos está engañando y por eso nuestro cuerpo nos grita: "*¡¡¡Cuidado, peligro!!!*".

También es un gesto típico de las personas que están mintiendo.

Pero y cuando mentimos, ¿qué ocurre?

Al mentir, se liberan unas sustancias químicas llamadas catecolaminas, que provocan la inflamación de los tejidos internos de la nariz (según científicos de la Fundación para el Tratamiento y la Investigación del Gusto y el Tacto de Chicago). Es el llamado efecto Pinocho en el que aumenta la presión sanguínea y, en consecuencia, se inflama la nariz. Por ello, los que están mintiendo suelen frotarse la nariz, pues intentan calmar el picor.

También cuando alguien está mintiendo puede ser que se toque la nariz desde abajo hacia arriba con el dedo índice, con un gesto de "no lo voy a hacer", ya que culturalmente nos han enseñado que no queda bien rascarse la nariz en público.

Pongamos el ejemplo de una pareja que acaba de conocerse y sale por primera vez. Cuando van a despedirse el hombre le dice a la mujer:

Hombre: –*Me lo he pasado muy bien.*

Mujer: –*Yo también* (y se toca la nariz una vez con el dedo índice).

Hombre: –*¿Te parece que quedemos mañana?*

Mujer: –*Tengo mucho trabajo, mejor te llamo yo esta semana y ya hablamos* (se vuelve a tocar la nariz con el dedo índice).

Esta mujer probablemente no vuelva a llamar jamás a su acompañante porque ese gesto significa que no le ha gustado la velada o él, y que no quiere comprometerse a volver a quedar con él.

Como siempre decimos deberá de haber más ítems que realmente demuestren que esto es así, pero este gesto de supervivencia ante lo que no nos gusta suele ser bastante claro.

En cuanto a la forma de nuestra nariz, ¿qué significa cada tipo de nariz?:

- **Nariz respingona:** Personalidad apasionada y afectiva.
- **Recta y aletas bien dibujadas:** Personas susceptibles y fugaces.
- **Aguileña:** Autoridad y confianza en sí mismo.
- **De pájaro:** Personas déspotas y crueles y controladores afectivamente.
- **Pequeña y con caballete:** Generalmente son rencorosas y afectivas y con lucha interior.
- **Nariz pequeña:** Personas envidiosa e interesadas y muy emocionales.
- **Aplastadas:** Egoístas, apasionadas y con gran necesidad de afecto.
- **Larga y gruesa en la base:** Son personas sabias, honesta y de buen corazón.
- **Larga y gruesa:** Dicen que atraen los favores de la fortuna, pero deberemos de ser prudentes ante ellos.
- **Puntiaguda:** Avaricia y espíritu malicioso.
- **Nariz muy grande:** Gente que no teme hablar en público y buenas personas que siempre quieren el bien para todos.
- **Nariz roja:** Indicio de lujuria y alcoholismo.

Como dato curioso te contaré que durante el siglo XIX y principios del XX, se creía que una nariz abultada era señal de obsesión sexual y que delataba el hábito de la masturbación. Incluso antes de Freud se pensaba que la nariz representaba los genitales masculinos o femeninos. Y algo hay de cierto: la nariz, como ocurre con el pene y el clítoris, aumenta un poco su tamaño con la excitación sexual. Así que si aumentan las fosas nasales suele significar excitación, tanto sexual como por enfado.

MIS QUERIDAS OREJITAS

Desde la antigüedad se decía que cuando alguien hablaba bien de nosotros sentíamos un pitido en el oído derecho o nos picaba la oreja derecha y que cuando era en negativo y nos criticaban sentíamos ese zumbido en el izquierdo o nos picaba ese oído.

No se ha comprobado que sea cierto dicho rumor y más bien podríamos dejarlo dentro de las supersticiones populares, pero lo que sí que parece real es que en cuanto al significado de la comunicación no verbal y las orejas se han dicho muchas cosas, pero lo que parece comprobado es que cuando en una conversación no nos gusta lo que nos están diciendo o no estamos seguros, nos tocaremos las orejas, como en la nariz, produciéndose un micropicor.

Y según su forma podríamos decir que las orejas se leen según su ancho y alto, así como por su ángulo y pequeños detalles dentro de ella.

Podremos encontrarnos distintos tipos de orejas como:

- **Orejas largas:** La oreja larga tiene una gran capacidad para escuchar, hecho que te permite absorber demasiada información. Si tienes buena memoria y eres observador recordarás que muchas personas inteligentes y sabias reconocidas mundialmente tienen este tamañito de orejas. También indica paciencia y capacidad de comprender. Muchos buenos terapeutas y gente religiosa tiene este tamaño de orejas.
- **Orejas pequeñas o cortas:** Las orejas cortas las tienen personas muy susceptibles y lo que escuchan lo toman como algo personal, pueden saturarse con mucha facilidad sobre lo que escuchan. Es gente algo práctica y suelen escuchar lo que les importa y dependiendo de otros rasgos del rostro no son muy dados a lo intelectual.

  Muchos administradores, o gente que aprende lo básico para manejarse o porque tiene otros talentos que no son intelectuales, poseen estas orejas.
- **Orejas medias:** La persona que las posee es flexible a la hora de escuchar, pero es algo intolerante con el resto de la humanidad, generalmente sabe manejarse, pero debe luchar por comprender a sus semejantes cuando no tiene las capacidades que esperan.

  Usan el tiempo de manera flexible sin estresarse. Es gente con talento en los negocios y que puede manejar la información que recibe.

- **Orejas altas:** Son aquellas que pasan las cejas y las tienen casi pegadas a la cabeza, son largas también. Quien las tiene procesa información a gran velocidad, pero es algo impaciente.
- **Orejas bajas:** En este tipo, los lóbulos se ubican debajo de la punta de la nariz. Son personas que meditan más antes de decidir, les importa más su capacidad de alcanzar sabiduría que tomar una decisión. Acumulan muchos datos antes de tomar la decisión, son precavidos, a veces en exceso. Las tenía así el ex presidente americano Reagan.

Por tanto resumiremos diciendo que las orejas carnosas denotan sensualidad, las finas sensibilidad y delicadeza y las que poseen contornos redondeados serán personas creativas, soñadoras y amantes de la buena música.

CAPÍTULO 5

LOS MICROPICORES Y MICROCARICIAS

DIME QUÉ TE PICA Y TE DIRÉ QUÉ TE DUELE EN EL CORAZÓN. "LOS MICROPICORES"

Posiblemente desde mi punto de vista éste sea uno de los apartados más interesantes de la comunicación no verbal, los micropicores, ya que, aunque todos los gestos son en sí maravillosos a la hora de leerlos, a mi modo de ver éstos son los más primarios. ¿Recuerdas la foto del chimpancé rascándose todo el cuerpo, o rascándole a su cría de cachorro?

Pues bien, uno de los gestos más primitivos que nos recuerdan nuestra procedencia sería el que llamamos "micropicor".

Como ya hemos visto anteriormente, gran parte de las manifestaciones no verbales que realizamos son residuos de expresiones mucho más intensas de cuando éramos niños, como pueden ser las caricias que nuestros padres nos hacían para tranquilizarnos, para relajarnos y darnos seguridad.

Es por eso que el micropicor surge cuando sentimos un estado de ansiedad, casi imperceptible para nosotros, pero que es causado por algo que oímos o vemos y que automáticamente lleva una señal a nuestro cerebro que refleja claramente que algo no funciona como nos gustaría a nosotros que funcionara.

Entonces el cerebro se adelanta a nuestros deseos y manda una señal a nuestro cuerpo haciendo que fluya más sangre a ciertas zonas de tu organismo y éstas se dilatan, provocando un picor.

Cada vez que un órgano se dilata debido al exceso de flujo sanguíneo que envía nuestro cerebro a dicho órgano, nosotros sentiremos un pequeño micropicor que va a durar apenas unos 5 segundos e incluso, en muchas ocasiones, nos rascaremos de forma inconsciente.

Generalmente estos micropicores se van a dar en los dedos, manos, el rostro y el cuello, que son las zonas más visibles para nosotros y en la que más hemos desarrollado nuestra comunicación no verbal. Pero también nos encontraremos con estos en otras partes de nuestro cuerpo como las piernas, brazos, espalda, etc.

Pero ¿cuál es la razón por la que realizamos estos gestos, que a primera vista parecieran no tener sentido?

El experto sinergólogo Philippe Turchet lo explica claramente: el micropicor expresa el antagonismo entre lo dicho y lo no dicho. Por tanto nos señala lo que realmente está pensando el individuo conscientemente, pero que no se atreve a expresar.

Por tanto no es que la persona no piense así, es que no se atreve a decir lo que piensa, lo que es totalmente distinto.

Esta puntualización es muy importante porque si aprendes a leer esos micropicores y todos los micromovimientos en general, estarás sabiendo lo que piensa esa persona realmente casi antes de que ella lo sepa, ya que su cerebro envía la señal incluso antes de que llegue a su parte consciente.

A continuación vamos a comenzar a aprender a leer esos picores que no nos atrevemos a expresar de otra forma.

Cuando sentimos una emoción la percibimos por medio de un estímulo externo que nos la produce, por tanto si tenemos un conflicto interno entre lo que pensamos y decimos, esto significará que éste se ha creado a través de alguno de los sentidos que tenemos para percibir estos estímulos... y nuestros sentidos son el tacto, el olfato, la vista, el oído y el gusto.

Éstos serán las ventanas que nuestra alma utilizará para detectar lo que siente y es por ello que los micropicores más comunes son los relacionados con el picor en esas zonas, ojos, cejas, boca, nariz, pómulos o cuello (garganta, pecho).

No obstante, haremos una referencia especial al oído, ya que éste nos unirá con lo que se llaman sus áreas satélites que son el cabello, el cuello y la mandíbula, puesto que el lóbulo está dotado de un número sin fin de terminaciones nerviosas, la naturaleza parece ser que nos dotó de una especie de freno gestual para no delatarnos fácilmente a nuestro interlocutor, haciendo que utilizáramos estas áreas satélites en lugar del lóbulo en sí, para una mayor supervivencia de la especie.

Si no fuera así estaríamos muy expuestos a nuestros contrincantes en caso de peligro y enseguida sabrían lo que pasa por nuestra cabecita y nuestro corazón.

Una vez más debemos de alabar a la sabiduría de la naturaleza.

Otro punto importante a la hora del significado del micropicor será saber quién es nuestro interlocutor, porque no será lo mismo que sea alguien con autoridad hacia nosotros que todo lo contrario.

Si fuera alguien con autoridad es más fácil que ante una orden nuestra reacción sea más contenida que si quien nos está hablando es nuestra pareja o nuestro hijo. Por lo tanto también el gesto que hagamos será distinto, nuevamente por pura supervivencia de la raza y uniéndolo a la pirámide de

Maslow (quien creó una pirámide de necesidades humanas para dar explicación al desarrollo de las emociones que sentimos según nuestras necesidades de dicha supervivencia).

Por tanto deberemos saber que cuanto mayor es tu implicación con la emoción que estás sintiendo más se acercará a la nariz, por el desarrollo del olfato, del ya nombrado en el capítulo anterior, "Esto me huele mal".

Así que tendremos que tener en cuenta tanto dónde nos rascamos como cómo nos rascamos.

Las manos jugarán un apartado importantísimo en los micropicores que aunque desarrollaremos en el capítulo 7 el significado de cada dedo, aquí vamos a ver en relación a los micropicores la forma de rascarse con ellas.

No es lo mismo rascarse con la mano cerrada que significará ira o enfado agudo en la persona que lo hace y será una señal clara de que nos están reclamando una reacción rápida y apropiada a la situación que estamos viviendo, que hacerlo con la mano abierta, que significa que estamos más relajados frente a nuestro interlocutor. O cuando nos rascamos con el dorso de la mano que sería una vuelta sobre lo que estamos pensando de nosotros mismos, como rascarnos entre la boca y el mentón con la parte interna de la mano.

Nota muy relevante antes de seguir con cada gesto, querido lector:

Según nos cuenta Philippe Turchet, no podremos pasar desapercibida la regla del sentido del movimiento del micropicor:

- **Regla 1:** Si el micropicor es hacia el interior del rostro el significado será de cerrazón e irritación.
- **Regla 2:** Si el micropicor es hacia el exterior del rostro el significado será excitación y apertura.

Si nos rascamos lejos de la nariz, esto es la frente o el cuello, menor será mi implicación en el asunto y no me interesará tanto lo que está sucediendo y cuanto más cerca de la nariz nos rascamos más nos estará interesando el tema.

Hay que saber también que los micropicores se realizan en la zona de la cabeza porque tenemos una cabeza que piensa y un cuerpo que actúa. Por lo tanto cuando se trata de emociones o pensamientos, nos tocaremos la cabeza más que el resto del cuerpo porque es la zona que lo está sintiendo o pensando.

Podríamos tener un sinfín de gestos a analizar en cuanto a los micropicores pero he seleccionado unos cuantos, que en mi carrera profesional como periodista, han sido los más comunes y son algunos de los relativos a los picores en los ojos, nariz y orejas.

Comenzaremos por los de los ojos.

Los picores en los ojos se pueden diferenciar entre "lo que queremos ver" y "lo que no queremos ver", esto es, lo que denota cerramiento por nuestra parte, cosas que no admitimos o no nos gustan y lo que sí nos gusta y queremos ver y admitimos.

Cuando nos pica el párpado superior y lo cerramos sobre el inferior, por tanto cerramos el ojo y nos lo rascamos esto significará que no queremos ver lo que nos dicen o estamos en desacuerdo con lo que nos están diciendo.

Pero cuando lo que nos pica es la parte baja del ojo sobre las pestañas inferiores, significará que queremos agrandar el ojo para ver perfectamente lo que sí nos gusta ver. Ese micropicor en la parte inferior significará apertura de lo que estamos viendo.

Si el picor se produce en la sien cerca del ojo, esto significará que lo que nos están contando nos interesa pero no mucho, simplemente por curiosidad, no por interés real.

En cambio, si estamos más interesados el picor se producirá más en el centro de la cara, en el pómulo entre el ojo y la nariz, por ejemplo.

Pero cuando estamos confusos y algo nos sorprende nos rascaremos en el pómulo desde la sien hasta la mejilla en esa dirccción.

En el caso de que se produzca el picor debajo del ojo desde la mejilla en dirección a la sien, puede ser que lo que estamos viendo nos gusta, pero es algo prohibido y no tienen que saber los demás que nos gusta. Por ejemplo si nos gusta la mujer de nuestro amigo, podría picarme en esa dirección.

No obstante si el picor es más hacia la nariz y el ojo, pero rascándonos en el lateral casi de la nariz, significará escepticismo, pero con muchas ganas de entender realmente lo que está sucediendo.

Porque tenemos que tener en cuenta que el ser humano tiene una necesidad de entender lo que no entiende, de saber lo que no sabe, de avanzar en la vida, de mostrar curiosidad y eso es lo que le hace ser feliz en el mundo. Sin esa sed de ir a más no avanzaríamos en la vida y nuestro cuerpo nos lo expresa a través de comunicación no verbal.

Es por ello que surgirán muchos micropicores como síntoma de lo que quiere entender y no sólo de lo que no le gusta.

Por ejemplo cuando nos rascamos el comienzo o parte superior de la nariz desde los ojos, poniendo la mano delante, significa que tenemos sed de conocimiento, de querer saber muchas más cosas.

Pero nos rascamos porque esa sed de conocer nos crea incomodidad y no nos deja estar tranquilos y es por eso que nos pica la nariz.

Siguiendo con los picores de la nariz podremos tener el típico picor debajo de la nariz, que claramente significa: "estoy mintiendo", o "lo que me dices no es cierto".

Y si donde nos pica es en un lateral de la base de la ventana de la nariz, es que realmente no estamos creyendo nada de nada de lo que nos cuentan.

En cuanto al picor en la boca comenzaremos por el picor en lo que se conoce como "el arco de Cupido" (la zona superior del labio con forma de punta de corazón). Para el experto Philippe Turchet, ése es el lugar clave del picor en la boca porque asemeja al placer que sentíamos cuando nos daban de mamar de pequeños.

Este gesto tiene una unión inevitable con el deseo sexual.

Cuando nos sentimos atraídos sexualmente por alguien nos picará esa zona de la boca en representación a los primeros placeres al tomar el seno de nuestras madres y por eso nuestro organismo nos lleva el picor ahí.

Por tanto sabremos si alguien siente atracción sexual por nosotros si se rasca en el "arco de Cupido" en nuestra presencia.

Turchet nos invita a hacer una simple prueba: Tócate el arco de cupido de izquierda a derecha y piensa en lo que sientes ¿es excitación? Pues ahí tienes la respuesta.

En cambio, si nos pica de arriba hacia abajo desde la nariz hacia la boca, significará conflictos con la autoridad, "el poder que tienes sobre mí me irrita, no me gusta la forma que tienes de ser conmigo", mezclándose los instintos de autoridad con la sexualidad. No obstante lo podremos traducir como un malestar reprimido.

Como anécdota te contaré que los expertos creen que el sexo y la agresividad van unidas y eso se ve claramente en la testosterona.

Para explicarme mejor, se piensa que la testosterona (la hormona sexual masculina, aunque algunas mujeres también la poseen en menor grado) está relacionada con la agresividad y el sexo. Por eso en esos dos picores alrededor de la boca sentimos deseo sexual junto con ira.

En cuanto a las orejas, los micropicores son muy claros y comunes. Cuando no nos gusta lo que oímos automáticamente nos picará la oreja, ya que las palabras mal dichas ahora nosotros nos producen irritación auricular. Si lo que nos molesta es intelectualmente, los picores se producirán en la parte alta del pabellón de la oreja y si nos pica el lóbulo de la oreja, lo que realmente nos está molestando son los valores materiales.

En cambio si el picor se da en la cara externa de la oreja esto significará que no nos interesa en absoluto lo que nos están diciendo, es más, que nos molesta el tema.

Otro picor muy característico en nuestra cara será el producido en las cejas. Alrededor de las cejas buscaremos tanto las imágenes visuales como la información relativa al lenguaje.

Si nos pican las cejas desde la nariz hasta las sienes, esto significará que estamos buscando información sobre lo que no somos capaces de encontrar y cuando el micropicor es al revés, desde las sienes hasta la nariz, esto significa que no le gusta lo que ve.

Si el picor va desde la frente hacia las cejas, significa que estamos buscando información dentro de nuestra cabeza, y al contrario, si se quiere cerrar ante la información que le muestran, o sea, no le gusta lo que ve u oye, el picor será de las cejas hacia la frente.

Si se da el micropicor en lo alto de la frente diferenciaremos si éste es justo en el centro (lo que dice que estamos muy interesados sobre lo que nos cuentan o vemos pero que no sabemos la respuesta) o en el lateral (indica que no estamos tan interesados pero sí nos importa un poco). Pero el picor en la frente nunca significará mentira, sino complicación de entendimiento o de búsqueda de información, pero no engaño.

En cuanto a los picores en la cabeza significan que las cosas son complicadas y que esa situación que vemos u oímos tiene difícil solución para nosotros.

Estamos buscando una solución y por eso nos la rascamos, pero no terminamos de encontrarla. En resumen, tenemos dudas ante una situación y no sabemos qué pensar sobre ella.

Micropicores por todo el cuerpo

Podríamos hacer un libro casi exclusivo sobre los micropicores recorriendo todo el cuerpo, pero he decidido hacer un breve resumen del resto de los más habituales para que te centres en lo que podrás observar sin ser especialista en la materia, ya que a cualquiera de nosotros nos pasarían desapercibidos y la idea es que, cuando estés con tu interlocutor, puedas conocer lo básico para saber lo que éste está pensando.

Comenzaremos con los micropicores en la parte del cuello y el tronco del cuerpo:

- **Barbilla:** La barbilla, aunque forma parte de la cabeza, generalmente la tocaremos y nos picará junto con el cuello y significará que estamos dudando sobre una situación.

  No tenemos claro lo que pensamos sobre el tema que nos concibe en ese momento.

- **Cuello-garganta:** Lo primero que tenemos que saber es que los deseos afectivos se externalizan a través de la garganta, es por eso que cuando nos pica la garganta significa que nos encantaría decirle más cosas pero no me atrevo ante esa persona porque me siento inseguro. Sólo nos rascaremos con el dedo índice y el medio, dejando flotando el resto de la mano.

  Pero si ese gesto se hace con toda la mano como sujetándonos el cuello y la cabeza con la mano abierta, delatará que nos sentimos ansiosos ante nuestro interlocutor y que esa situación nos está agobiando.

  En resumen, todo lo relativo a tocarse o rascarse el cuello es que nos sentimos ansiosos ante lo que vemos u oímos.

Si se produjera un leve tartamudeo de la persona, o tos, significa que no está dispuesta a seguir con esa situación, que le incomoda y que quiere abandonar esa conversación (siempre y cuando no haya catarro o irritación de la garganta debido a una enfermedad).

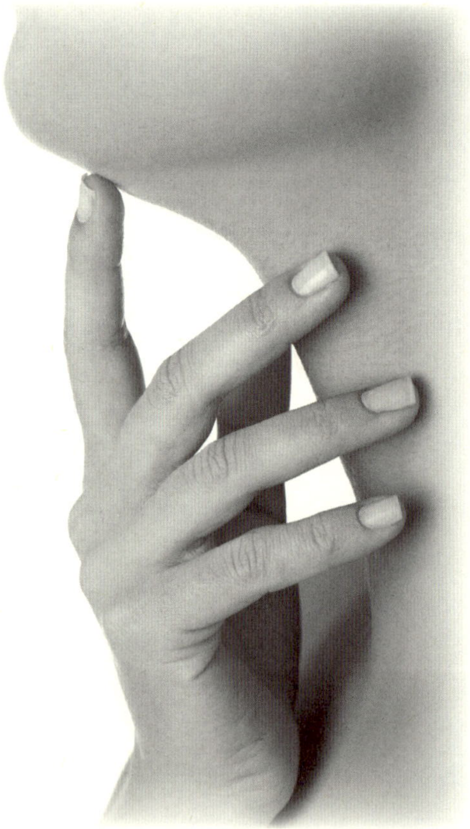

Y cuando nos encontremos realmente enfadados, a punto de tener un ataque de ira, nos picará la base del cuello, justo donde comienza la zona del escote y acaba el cuello. Esto significa que la persona va a perder los papeles en breve y que no aguanta más tiempo esa situación.

Si el picor es en la parte posterior del cuello, rascándonos con la mano completa o con el índice, significa enfado y que pensamos que nuestro interlocutor se está pasando de la raya.

- **Clavícula:** Los micropicores en la parte del pecho alrededor de la clavícula o en la clavícula en sí significan que dudamos ante una situación. Representa la duda siempre.

  En el hombre también significa ansiedad: quiero irme, escapar de esta situación que me agobia cuanto antes.

- **Espalda:** Los micropicores en la espalda significa que estamos molestos, que queremos salir de esa situación que nos pesa, que queremos irnos porque nos sentimos agobiados.

- **Brazos:** Son otras de las grandes zonas importantes en la comunicación no verbal que veremos un poco más adelante, pero en cuanto al micropicor diremos que denotan nerviosismo de querer coger las cosas con los brazos (prolongación de las manos), de abrazar una situación y controlarla porque nos parece que esa situación se está manejando lentamente, que deberíamos ir más rápido, así que nos gustaría decirle a nuestro interlocutor: "*deja que me haga cargo de la situación*".

  Si la zona del brazo que nos pica es la zona alta del brazo, pero el lado interno del mismo, más cerca del busto, la situación tiene un carácter más afectivo.

  Si es en la parte externa del brazo significa "me siento agredido y voy a tener que responder" y por tanto "me cierro". Es mucho más agresivo que si el picor es en la parte interna. Nos estamos sintiendo ansiosos y agresivos ante la situación que estamos viviendo.

- **Los codos y muñecas:** Esta parte significa la resistencia al cambio. No quiero cambiar la situación o me cuesta mucho hacerlo, lo rechazamos, "no me gusta lo que se me imponen, no quiero cambiar la situación".

  Si el picor es en la zona de las muñecas en la parte exterior denota inflexibilidad por nuestra parte, no querer cambiar ni salir de una situación, no querer modificar nuestras conductas habituales.

  Si el micropicor es en el codo significa que no aprobamos ese cambio de situación y que nos hubiera gustado que nos consultaran ante ese cambio.

  En ambos casos es inflexibilidad y miedo al cambio.

  En cambio cuando el picor es en la parte interna de la muñeca o el codo, esto significará que estamos deseando el cambio y que queremos que se produzca ya. Si nos pica en la parte interior de la muñeca, significa que queremos coger las riendas del cambio y dirigirlo nosotros y si es en el codo es que queremos acelerar el proceso y que estamos muy motivados hacia este cambio.

  No obstante como hablamos de micropicores y no de expresión de comunicación verbal, esto significará que hay algo o alguien que le retiene a esa persona para hacer ese cambio y se ve impedido a hacerlo.

- **Manos:** Aunque de las manos hablaremos en el capítulo 7, simplemente te voy a dar unas referencias sobre micropicores en esta zona tan importante.

  Cuando el micropicor se produce en la palma de la mano, significa timidez ante nuestro interlocutor, "no me atrevo a hacerme valer". Se da en personas introvertidas que no se atreven a expresar su opinión.

Las personas tímidas necesitan hablar de lo que sienten pero no se atreven a hacerlo y esto les produce el micropicor en las manos, pero les encantaría que les preguntaran por lo que opinan. Por tanto si ves a alguien rascándose la parte interior de las manos, pregúntale "¿Qué opinas a cerca de...?" Y te lo habrás ganado.

Si lo que pica son los dedos significa la impaciencia de los pequeños detalles, "me gustaría hacer más cosas pero no me dejáis".

Si el picor es justo en el puño, en los huesos del puño, significa todo lo contrario, cerramiento de la persona, replegarse y cólera reprimida, "tú me irritas, déjame tranquilo".

Pero si éste se produce en la parte externa de la muñeca, un poco más arriba, esto significa que me siento frustrado porque me siento excluido del grupo, el sentimiento es de frustración por verse fuera del grupo.

Si lo que nos pica son las falanges de los dedos significa que nos han quitado una actividad que hacíamos nosotros anteriormente y nos sentimos frustrados por ello.

- **Piernas:** Las piernas nos sitúan cerca o lejos de una situación, por tanto o nos unen o nos alejan de ella. Aunque también hablaremos de ellas en el capítulo 7.

Vamos a ver algún micropicor para que puedas delatarlo claramente.

Se dividirán entre los picores de los muslos y las pantorrillas y por otro lado desde las rodillas hasta los tobillos.

Cuando lo que nos pica es la pantorrilla significa que tengo ganas de dirigirme hacia alguien o algo o de hacer algo y si quieres ir a un lugar y no puedes por la situación, el micropicor se dará en el muslo.

Cuando se siente picor en la pantorrilla significa que tenemos que hacer las cosas rápidamente como si necesitáramos salir corriendo y por eso se hincha de sangre como si estuviera dispuesta a salir corriendo y lo que hace nuestro cerebro es enviar más sangre a las piernas para que podamos hacerlo y por eso nos pica la pierna.

Si lo que nos pica es en la parte de atrás de la pantorrilla, como en la parte de la rodilla pero por detrás significa que tenemos ganas de seguir con un nuevo proyecto o a una persona pero nos da miedo y por eso nos pica. Necesitas estar seguro antes de comprometerte ante un nuevo proyecto.

En cuanto al tobillo, éste nos picará por la parte de dentro cuando tenemos muchas ganas de hacer un proyecto que nos proponen pero nos da miedo y cuando nos pica la parte de fuera del tobillo esto significará que no queremos cambiar, que somos inflexibles y que tenemos miedo al cambio.

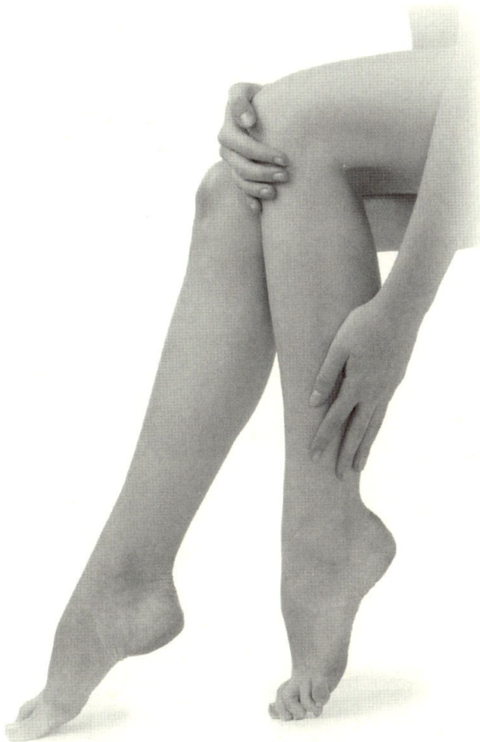

Resumiendo: si tenemos miedo a cambiar nos picará en la cara anterior, delante de la rodilla y detrás del tobillo. O sea, los huesos externos que vemos. Si tenemos ganas de cambiar y seguir un proyecto o a una persona, este picor será a la inversa.

En ambos casos hay que tener en cuenta que hay un bloqueo emocional porque, tanto en un caso como en otro si surge el micropicor es porque no nos estamos atreviendo a exteriorizar lo que realmente sentimos al respecto.

Hay otras partes del cuerpo que pueden picarnos, aunque no son tan comunes como lo que hemos vistos hasta ahora como son el abdomen o la barriga.

Esto significará que necesitamos llamar la atención de nuestro interlocutor y necesitamos que nos haga más caso del que nos hace.

Y por último, otro picor bastante común es el de la axila, que significa que nos sentimos inseguros ante la situación que estamos viviendo y necesitamos ganar autoestima.

Por otro lado el picor en cada uno de los dedos tiene un significado propio pero lo veremos con cada dedo de la mano por separado en el capítulo 7.

MMMM... ¡ACARÍCIATE OTRA VEZ, POR FAVOR!

La seducción en tu cuerpo

En la comunicación no verbal la misma importancia que tienen los micropicores lo tienen las caricias, pero con un sistema totalmente contrario al que hemos visto con los micropicores que expresaban la diferencia entre lo que se dice y lo que nos gustaría decir y no decimos por miedo o represión negativa de nuestras emociones.

En el caso de las caricias lo que queremos expresar es todo lo contrario.

La microcaricia expresa bienestar y vuelta narcisista sobre sí mismo.

Cuenta una leyenda de la mitología griega que Narciso era un joven muy hermoso. Todas las doncellas se enamoraban de Narciso, mas él las rechazaba. Entre las jóvenes heridas por su amor estaba la ninfa Eco, quien había disgustado a Hera y por ello ésta la había condenado a repetir las últimas palabras de aquello que se le dijera. Eco, por vergüenza, fue incapaz de hablarle a Narciso de su amor, pero un día, cuando él estaba caminando por el bosque, acabó apartándose de sus compañeros.

Cuando él preguntó: "*¿Hay alguien aquí?*", Eco respondió: "*Aquí, aquí*". Incapaz de verla oculta entre los árboles, Narciso le gritó: "*¡Ven!*". Después de responder: "*Ven*", Eco salió de entre los árboles con los brazos abiertos.

Narciso cruelmente se negó a aceptar su amor, por lo que la ninfa, desolada, se ocultó en una cueva y allí se consumió hasta que sólo quedó su voz.

Como castigo a Narciso, Némesis, la diosa de la venganza, hizo que se enamorara de su propia imagen reflejada en una fuente.

En una contemplación absorta, incapaz de apartarse de su imagen, acabó arrojándose a las aguas.

Y fue allí donde nació una de las más hermosas flores que existen en el firmamento, el Narciso, justo en el lugar donde su cuerpo había caído moribundo.

Aunque en los últimos años son varios los estudios que se han realizado sobre la importancia de las caricias, culturalmente y durante muchas generaciones, se nos ha prohibido acariciarnos en público y con muchas limitaciones en privado.

Incluso en algunas religiones se censuraba la masturbación diciéndonos que "*nos quedaríamos ciegos*" si nos tocábamos.

Pero el poder de las caricias va mucho más allá de lo que pensamos.

La caricia se refiere a cualquier acto que implique el reconocimiento de la presencia del otro y por tanto son totalmente necesarias para nuestra sociabilización y para tener una autoestima sana.

Tendremos que dividirlas entre caricias físicas, verbales y no verbales.

En cuanto a las caricias físicas serán todas las que implican contacto físico, tocar a otro o tocarnos a nosotros mismos, acariciarnos.

Las **verbales** serían las palabras que acarician el alma: te quiero, qué bien lo has hecho, me gusta tu corbata.

Y las **no verbales**, una sonrisa, guiñar un ojo, una mirada cómplice.

Pero debemos de saber que hay caricias tanto **positivas** como **negativas**, aunque aquí nos centraremos solamente en las positivas, ya que son las que van unidas a las microcaricias que ahora trabajaremos.

Simplemente recordarte la importancia de acariciar el alma de tu interlocutor, ya sea con palabras o con gestos o movimientos, puesto que esto repercutirá en una mejora de la autoestima de esa persona y de la tuya propia.

Cuanto más tiempo empleemos en el auto-reconocimiento y en el reconocimiento del otro, mayor calidad tendrán nuestras comunicaciones y más felices seremos.

Por tanto no debemos de olvidar que este será nuestro último fin, sentir mayor placer para acercarnos diariamente a la felicidad.

Pero... ¿por qué son tan importantes las microcaricias en la comunicación no verbal?

Pues bien, en una sociedad en la que se nos sanciona por auto-reconocernos, nuestro organismo ha tenido que desarrollarla para poder sobrevivir e incluso, en muchas ocasiones, para soportar el dolor que la vida nos obliga a pasar durante toda nuestra existencia.

Las caricias son indispensables para la subsistencia y el bienestar psicológico, son algo así como el alimento que nutre nuestra vida emocional y afectiva.

De hecho, la falta de caricias puede llevarnos a un fenómeno llamado marasmo, que es la desnutrición alimenticia por dejar de dar de comer a un bebé a o por déficits emocionales en sus primeros años de vida; a un niño que no se le toca se muere, debido a esta enfermedad.

Las caricias son tan importantes para los seres humanos que cuando no tenemos caricias positivas podemos buscar negativas, ya que esto es preferible a la ausencia de las mismas y muchos niños utilizan el "portarse mal", para llamar la atención de un adulto porque siente esa falta de caricias que le hace sentirse bien y prefiere ser castigado a ser ignorado.

Están totalmente unidas al reconocimiento que necesitamos de los demás siendo lo óptimo para el bienestar psicológico dar, aceptar, pedir y darse caricias positivas y rechazar las negativas.

Cuando hablamos mal a alguien, estaríamos dando una caricia negativa, por lo tanto será importante aprender a rechazarlas y evidentemente evitar a toda costa darlas.

Cuando un niño se siente rechazado por nosotros hará cualquier cosa para llamar nuestra atención hasta el punto de tener una conducta totalmente negativa en busca de ese reconocimiento.

Pues bien, nuestro organismo ha creado lo que llamamos las microcaricias, que son señales que emitimos para darnos placer a nosotros mismos y mostrarle a nuestro interlocutor sin palabras lo que realmente queremos expresar.

Por eso nos "tocaremos", ante los estímulos externos que percibimos, para poder comunicar a nuestro interlocutor lo que estamos sintiendo en referencia a esa situación o persona.

Siguiendo con la misma línea que vimos en los micropicores, pasaremos ahora a ver la importancia de nuestras microcaricias según las distintas partes de nuestro cuerpo.

ACARICIÁNDOSE LA CABECITA

- **Acariciarse el cabello:** Tocarse el cabello va a reflejar un deseo sensual, ya que sería la antesala a comenzar a enseñar nuestro cuerpo. Cuando me toco el cabello realmente estoy queriendo enseñar mi cuerpo y como socialmente está mejor visto tocárselo que tocar otras partes de nuestro cuerpo, comenzaré con él para poder expresar lo que siento.

  En el caso de las mujeres, cuando se lo tocan estarán diciéndonos: "*Ehhh, estoy aquí, soy una mujer, te muestro mi presencia sensual*".

  Pero en ocasiones esto no significa que te sientas atraído por una persona, simplemente que como mujer impones tu presencia en el medio.

  Me explico, cuando alguien que hacía tiempo que no te ve, sea hombre o mujer, te ha recordado, pasarás la mano por tu cabello como muestra de agradecimiento por haber sido recordado, indistintamente de lo que sientas por esa persona, el mero hecho de que te recuerde es fundamental para ti y te sientes contento de que haya sucedido.

  No obstante si esa mujer al acercarse un hombre se toca un mechón de su cabello, esto significará que sí se siente a gusto con esa persona, que le gusta haberle encontrado y tenerle enfrente, independientemente de la atracción que sienta por ella.

  Pero si lo que hace esa mujer es ordenarse el cabello, peinárselo en su presencia, entonces sí que significará que se siente agradada por el hecho de que un hombre, un macho, se haya fijado en ella.

No tiene que sentirse atraída emocionalmente por esa persona, pero le encanta que ese "macho" se haya fijado en ella y por eso le muestra su agradecimiento tocándose el cabello y peinándoselo, como expresando "*mírame, estoy aquí*".

Ahora bien, la importancia de la mano en el "tocarse el cabello" será fundamental, ya que pasaremos de estar representando un signo de seducción a un instrumento de gestión del estrés.

Si cogemos con el dedo índice y enrollamos un mechón de cabello, eso es una mezcla entre concentración ligera y nacimiento del estrés.

En las mujeres de cabello largo es un síntoma de ensoñación, son personas soñadoras.

En cambio si la mujer toma un puñado de cabellos con la mano cerrada en un puño, esto significa que la situación o la persona con la que está hablando le irritan y le pegaría un puñetazo pero se está conteniendo.

Por lo tanto, resumiendo, o bien querremos seducir a nuestro interlocutor, o mostrarle nuestras agresividad. No olvides observar la postura de la mano para poder detectar correctamente lo que tu interlocutor te quiere demostrar.

- **La frente y las cejas:** Vamos bajando poco a poco sobre la cabeza y del cabello pasaremos a observar la frente y las cejas.

  El acto de acariciarse las sienes y la frente es un acto de buscarse a sí mismo en su interior, estamos expresando la necesidad de buscar las respuestas dentro de nosotros mismos y en ese acto tranquilizarnos.

Al tocarse esa zona en modo de caricia, significará que pretende tranquilizarse, sentirse bien para poder encontrar las respuestas frente a una situación o persona.

Si lo hace con la cabeza mirando para arriba significa que tiene problemas para concentrarse pero si la cabeza está mirando para abajo es que ya se ha concentrado y está buscando en su interior.

En el caso de las cejas si toco mis cejas de fuera hacia dentro estaré buscando información dentro de mi cabecita para ver lo que encuentro y estoy muy concentrado en el acto.

En cambio en el caso de que me toque la ceja de dentro a fuera significará que estoy a gusto con lo que veo y me deleito con ello.

- **Las orejas:** Si nos acariciamos la parte superior de la oreja esto significará que estamos felices por la palabras que estamos escuchando, que esa información nos gusta mucho, esas palabras nos están motivando y haciéndonos sentir muy bien con nosotros mismos.

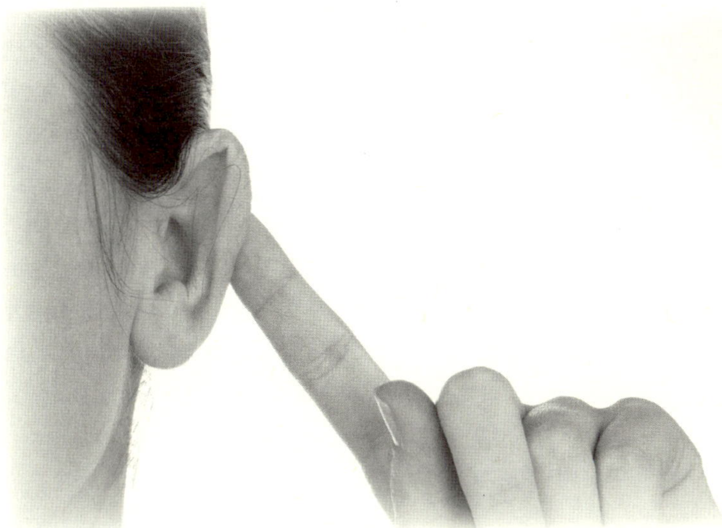

Si lo que nos acariciamos es el lóbulo de la oreja, es que estamos sintiendo placer por lo que vemos u oímos, aunque puede ser algo negativo sobre una persona que no nos gusta.

También será un gesto bastante más sensual que el anterior.

- **Los ojos:** En cuanto a esta parte, los gestos que vamos a realizar los hemos introducido en los micro-picores, ya que no hay casi diferencia entre ambos gestos y sería de difícil lectura para una persona su diferenciación. Por tanto nos quedaremos con lo dicho anteriormente a este respecto.
- **La nariz:** Como describimos en el apartado de la nariz, este órgano será el principal en la evolución de nuestra especie y es por ello que le haremos una especial mención en este apartado.

  El sinergólogo Philippe Turchet hace mención de lo que viene a llamar la microfijación, que a su modo de ver expresaría la concentración en las personas como parte esencial dentro de la comunicación no verbal.

  Otras corrientes hablan de ellas como pequeños movimientos que suceden sin que nos demos cuenta y se dan para que nuestro cerebro y cuerpo entren en armonía entre lo que pensamos y lo que actuamos.

  Un ejemplo muy sencillo de esto es que cuando estamos muy concentrados, podemos poner nuestro dedo índice a un lado de nuestra frente, esto sucede para que el cuerpo no interfiera en el pensamiento y cree un vínculo con el cuerpo para poder realizar la actividad de mejor manera. En ese caso en concreto, sería muy común pasar inmediatamente a acariciarse la frente en lugar de a tocarla simplemente.

Pues bien, en el caso de la nariz, nos encontraremos muchas microfijaciones unidas con las caricias, así que lo que vamos a ver a continuación serían ambas cosas, para poder detectar mensajes que enviamos a nuestro interlocutor de una forma mucho más clara.

Como ya hemos visto la nariz es el centro de la cara y cuando tiene algo que ocultar la persona, será la nariz el primer punto que ocultaremos, ya que es el que más sobresale.

Como ya dijimos, personajes como Pinocho, el cual al mentir se veía traicionado por el crecimiento de su propia nariz, reflejan claramente la importancia de la misma.

Una microcaricia muy habitual sería la relativa a cuando nos encontramos en posición de la verdad pensando de nosotros mismos que "hemos tenido buen olfato" para algo, la obtención de un negocio, una persona, etc.

Cuando nos tocamos la punta de la nariz con el dedo índice esto significa que estamos reflexionando, estamos en el yo, pensando en nuestro beneficio personal sobre una situación. Esto sería una microfijación.

En cambio si lo que nos tocamos es debajo de la nariz con el dedo índice pero tapando y aplastando la boca, significa que la situación me parece interesante pero algo me da miedo y no me deja tranquilo, es una señal de alarma.

Es la típica imagen de la enfermera mandando callar y diciendo que en este lugar no se habla.

En cambio, si nos la tocamos con el dedo pulgar significará que lo que estamos pensando en muy positivo y nos sentimos bien con esa situación.

Por lo tanto cada vez que toquemos nuestra nariz estaremos reflejando meditación sobre situaciones que nos preocupan o nos hacen sentirnos bien, pero están realmente en nuestro interior.

- **La boca:** En cuanto a la boca veremos que muchas veces necesitamos acompañarnos de los dedos para poder decir lo que queremos expresar y por ello nos la acariciamos o tocamos según nuestro estado emocional, dejándonos ayudar por los dedos para poder expresar sin palabras lo que nuestra alma nos grita que transmitamos.

  La boca con el dedo pulgar introducido dentro de ella, aplastando el labio inferior y sobresaliendo el superior significa la necesidad que tenemos de expresar lo que sentimos en positivo y el dedo nos ayuda a "sacar las palabras " de alguna forma.

  Estos gestos son típicos de personas que quieren "comerse el mundo" y están pensando cómo sacar beneficio de una situación para salir adelante.

  En ocasiones el dedo puede golpear el diente como dando paso al arranque de la situación.

  Estos gestos se pueden dar con la boca cerrada o con la boca abierta, si está cerrada significará que la persona quiere ganar pero no está tan predispuesta a negociar y con la boca abierta es que quiere ganar y negociará si hace falta para ello.

  Cuando apretamos los dos labios y los dientes, significará que la persona se ha cerrado como una concha por tanto los labios tocan a los dientes. La persona no quiere que se sepa lo que piensa y por eso lo hace. No quiere expresarse y posiblemente estará enfadada e irritada, incluso conteniendo las lágrimas debido a este malestar.

Así hasta un sinfín de gestos con la mano y distintos dedos que dejaremos para el capítulo 7 y la descripción de la mano.

- **La barbilla:** Cuando nos sentimos estresados y pensativos ante una situación pondremos la mano en la barbilla en signo de reflexión cuando vayamos a hablar con alguien.

Si tenemos el puño cerrado significará que escuchamos aunque nos sintamos con estrés interno.

En cambio si la palma de la mano está abierta, esto significa que escuchamos pero tomando distancia con el interlocutor.

En lo relativo al resto del cuerpo, la microcaricia significará lo mismo que el micropicor pero con la connotación en positivo de acariciarse a uno mismo.

Por eso mismo no nos detendremos más en este punto y volveremos al tema en el capítulo 7 cuando hablemos de las piernas y pies.

CAPÍTULO 6

DESMONTANDO NUESTRO CUERPO

TUS MANOS, LAS VENTANAS HACIA EL MUNDO

Otra parte fundamental del cuerpo que nos permite comprender claramente lo que está pasando por nuestras cabecitas son las manos.

Ellas son las artífices de nuestra comunicación no verbal en gran manera.

A través de ellas, alargamos nuestro ser para conectarlo con el de otra persona.

Por eso esos primeros momentos serán fundamentales, ya que nuestras manos hablan por sí solas siempre.

¿Cuántas veces has conocido a alguien y al ir a darte la mano te has encontrado con una tipo pez?

En una ocasión fui a hacer una entrevista a un empresario italiano que llevaba una cadena hotelera de mucho prestigio en nuestra isla y al ir a saludarme, él me la dobló totalmente posicionándomela hacia abajo y poniendo la suya hacia arriba.

En ese momento muy cuidadosamente yo se la giré y él mirándome a los ojos me dijo: ¡Ud. sabe mucho señora! Y desde ahí comenzó una rica relación profesional en donde aprendí muchas cosas.

La mano es la parte que extendemos y ofrecemos al otro de nosotros mismos, es lo que nos une a la otra persona en un primer momento y por ello es tan importante lo que somos capaces de comunicar con ella. Pero ¿qué es lo que debemos de saber?

Curiosamente las personas expresamos nuestro cerramiento o apertura a través de las manos, ya que cuando vamos a abrir nuestro corazón al mundo, le damos la mano y este es un gesto universal, aunque puede haber una pequeña variación según la cultura, el dar la mano a alguien nos dice mucho de cómo va a ser esa relación.

Por ejemplo, cuando alguien habla con las manos en los bolsillos, puede estar ocultando información que no quiere que salga a la luz.

Las personas que mienten generalmente no moverán mucho las manos y tendrán los puños cerrados, o las manos escondidas en los bolsillos.

Cuando nos agarramos a una silla, querrá decir que estamos intentando agarrarnos a una realidad, en ocasiones pudiendo estar engañándose a sí misma.

En cambio mostrar las palmas de las manos y enseñar los dedos estirados, significa apertura total hacia los demás.

Si nuestro interlocutor es muy expresivo y cree mucho en lo que está diciendo moverá mucho las manos, pero de lo contrario no las moverá apenas.

Cuando das golpecitos sobre una mesa con los dedos, como si estuviéramos tocando un piano, significará nerviosismo e impaciencia y juguetear con collares o pulseras es símbolo también de nerviosismo.

Cuando nos sentimos inseguros necesitamos agarrarnos a algo externo material, para "controlar" al objetivo en sí.

Y es por todos sabido que morderse las uñas es un síntoma de inseguridad y de sentirse muy presionados, o frustrados o incluso enfadados.

Si entrelazamos los dedos y movemos los pulgares será que nos sentimos incómodos y aburridos y es una forma de intentar aliviar el malestar.

Y si cruzamos las manos detrás de la nuca significa una gran seguridad ante nuestro interlocutor En cambio, si nos sentimos cómodos en esa situación, los movimientos serán calmados, sin grandes aspavientos. Por ejemplo podremos poner las yemas de los dedos juntas, formando una especie de triángulo, cuando nos encontramos muy cómodos en esa situación.

Aunque ya vimos ciertos gestos en los micropicores relativos a las manos, vamos a continuar aquí con todo el resto del significado del saludo. Desde el protocolo, se han establecido ciertas normas que no deberíamos pasar por alto ya que son muy importantes a la hora de dar una buena imagen.

El apretón de manos y el cruce de brazos

Cómo anécdota te contaré que en la antigüedad, antes de que se utilizara el apretón de manos como símbolo de saludo y despedida, los seres humanos nos saludábamos con el antebrazo, cogiéndonos los codos y el apretón de manos quedaba relegado a la firma de acuerdos comerciales o personales. Sólo nos dábamos la mano para cerrar un pacto entre ambas partes.

Pero deberemos de saber que hoy por hoy este signo se ha popularizado tanto que sería un error quedarse exclusivamente con que si una persona aprieta fuerte es una persona de carácter, ya que es un diálogo tan popular que cualquier persona, tenga la personalidad que tenga, lo hará correctamente.

Para empezar diremos que la mano que saludo siempre debe de ser la derecha, a excepción de que nuestro interlocutor sea zurdo.

Hay que extender por completo la palma de la mano, dejando el dedo pulgar hacia arriba y estirar el brazo en ángulo recto-abierto, es decir, unos 120° aproximadamente.

Ni extendido en su totalidad, con el brazo totalmente recto, ni sin apenas estirar el brazo; con el brazo prácticamente pegado al cuerpo.

El brazo debe de estar en una postura cómoda, ni caído ni excesivamente rígido, después sin hacer daño a nuestro receptor, se envolverá la mano del mismo, con las manos juntas.

El tiempo de duración no debe de ser muy largo, lo justo para saludarse, más bien corto, sobre todo si no conocemos a la persona y un poco más largo si la relación es buena. Generalmente irá acompañado de un gesto de agitación de arriba hacia abajo, ligeramente pero de forma rápida. Será la persona que realiza el saludo en primer paso la que gestionará el tiempo que dure.

Evidentemente la mano deberá permanecer limpia, y en la medida de lo posible, seca. Si padece hiperhidrosis, un problema de sudoración excesiva de las manos, pruebe con un poco de tiza o talco para evitar esta humedad, o un tratamiento médico adecuado.

Si se encuentran un hombre y una mujer, esta última será la que deba iniciar el saludo y marcar el tiempo del mismo, así como la fuerza del saludo.

Cuando se da la mano posicionando la nuestra por encima de la de nuestro receptor, más alto, en lugar de en paralelo con la de él, esto significará posición de superioridad frente a esa persona, y poner la mano por debajo de la suya, todo lo contrario, timidez, falta de confianza y dominación por el otro. La mano siempre se debe de posicionar a la altura del corazón y el otro la debe de recibir a la misma altura. Si se da por debajo de la cintura, esto significará que no es santo de nuestra devoción y que no te aprecia.

Cuando ambas manos se dan a la misma altura significa igualdad de ambas partes.

Nunca se deberá de dar la mano con guantes y si a nuestro interlocutor le falta algún dedo o se debe de dejar de saludar o hacerlo más suave, se hará de la misma forma que con cualquier otra persona.

Pero será realmente el apretón de manos de la despedida el que marcará la relación que hay entre ambas personas.

Tendrás que fijarte hacia dónde se mueve el eje de su cabeza. El que da el apretón, si te aprecia y le ha gustado entablar una relación contigo, moverá la cabeza hacia el lado izquierdo (o sea tu derecha) y tú harás de espejo con él moviéndote al mismo lado que lo ha hecho él, de lo contrario lo hará al otro lado.

En cambio, si es una relación de autoridad a autoridad la cabeza se moverá de delante hacia atrás, esto es en plano sagital, son aquellos planos perpendiculares al suelo y en ángulo recto con los planos frontales, hasta que se haya cogido confianza con el interlocutor.

No obstante no suele ser una señal de buen augurio de una comunicación fluida, sino más bien de poca flexibilidad.

Otro movimiento de las manos que será fundamental es en el cruce de brazos.

Debemos de saber que este gesto no es innato, sino que es aprendido como una de las primeras normas de comunicación que generalmente se establecen en la edad infantil, siendo un gesto de respeto a la disciplina y sumisión a la autoridad.

En principio podríamos decir que suelen representar cerramiento de la persona, pero serán las manos las que determinarán si esto es así o no.

Según el movimiento de éstas, podemos comunicar o bien bienestar o bien buena autoestima.

Cuando los brazos están cruzados, las manos por debajo del brazo ocultas, a la altura de las axilas, en forma de puño cerrado, significa que la persona está cerrada.

En cambio, si tiene las manos encima de los brazos cruzados, pero se ven perfectamente y nos está enseñando la parte delantera de las manos, esto significa que la persona está muy segura de sí misma y atenta a la conversación y comunicación con esa persona.

La postura de brazos en jarra, o sea las manos sobre las caderas, la suelen utilizar personas seguras de sí mismas y muy independientes, no obstante a nuestro interlocutor lo aleja, ya que significará: "no me liéis" o "manteneos alejados de mí".

Caminar con los brazos tras la espalda muestra apertura, la gente con esta postura da la muestra de que no necesitan protegerse. Es una postura muy típica en los paseos de las casas reales, sobre todo la británica. Se levanta un poco la cabeza y el torso queda bien a la vista.

Pero si agitamos en exceso las manos puede denotar, en la cultura europea, que se ha perdido el control, se está muy emocionado en positivo o en negativo.

Un experto en comunicación no verbal y un sinergólogo podrían ver un sinfín más de gestos que pudieran delatar claramente lo que está pensando nuestro interlocutor, pero en nuestro caso, que no nos dedicamos exclusivamente a esto, nuestra observación llegaría básicamente hasta aquí, siempre recordando la regla de oro:

"Debe de haber de 7/8 ítems que denoten la misma actitud para que un gesto signifique un sentimiento en concreto".

DIME CÓMO ANDAS Y TE DIRÉ CÓMO ERES

Caminante, son tus huellas
el camino y nada más.
Caminante, no hay camino,
se hace camino al andar.
Al andar se hace el camino,
y al volver la vista atrás
se ve la senda que nunca
se ha de volver a pisar.
Caminante no hay camino,
sino estelas en la mar.

Antonio Machado

Los pies que hablan

Ya lo decía nuestro popular poeta Antonio Machado: "*Caminante son tus huellas el camino y nada más se hace camino al andar*".

Es una gran verdad que al caminar nuestros pasos crean el camino de todo lo que recorremos, de todo lo que vivimos y de todo lo que queremos transmitir al mundo Con las piernas podemos avanzar o retroceder, según necesitemos, avanzar hacia el mundo o retroceder sobre nuestros propios pasos, para salvarnos en un momento dado, ante cualquier peligro que pueda acecharnos.

Como vimos en los micropicores, las piernas se dividen entre muslos y pantorrillas, en su lado anterior y en el posterior y cuando nos pica en la parte posterior de los muslos es que comenzamos a sentir la necesidad de irnos o separarnos de esa persona o situación y cuando es la pantorrilla significará que apremia salir corriendo. Si lo hace en la parte delantera de la pierna significa que tenemos ganas de avanzar más rápidamente en nuestras tareas.

Pero ¿qué más cosas nos transmiten nuestras piernas?

Pues bien, es cierto que hay que tener en cuenta si la persona a la que miramos es hombre o mujer, ya que a las mujeres culturalmente se les ha obligado a adquirir ciertos gestos que si no fuera por tener la condición de ser féminas no ejecutarían, como mantenerse con las piernas cruzadas cuando llevan faldas. Pero independientemente de esto, vamos a ver gestos que comúnmente utilizaríamos, teniendo en cuenta este hándicap.

Las personas confiadas suelen sentarse con las piernas abiertas o si es mujer juntas pero con las rodillas mirando a la persona con la que habla, eso indica apertura y seguridad en uno mismo, siempre y cuando las rodillas se coloquen juntas.

También puede ocurrir que estén cruzadas, pero si una rodilla está encima de la otra y mira al interlocutor, seguirá significando apertura hacia él.

En cambio cuando una persona miente o no se siente muy segura de sí misma, se sentará con las piernas cruzadas por encima de las rodillas, a la altura de los muslos y si hay un doble cruce, esto denotará un cerramiento por parte de la persona.

Si una persona se siente incómoda a nuestro lado se sentará con las piernas abiertas pero mirando las rodillas para el lado contrario de donde estemos, no al frente.

Si además se da palmaditas con las manos en las piernas o con el pie en el suelo, esto quiere decir que quiere salir corriendo ¡ya!

Cuando una persona es independiente a la hora de sentarse posiblemente pueda sentarse bajo una pierna cruzada y la otra tocando el suelo, ya que no entiende de etiquetas sociales.

Y si tu interlocutor se sienta enfrente de ti con las piernas estiradas, cruzadas o no, ¡cuidado! Posiblemente estarás ante una persona dominante y si además cruza los brazos alrededor del cuello podría querer intimidarte.

LOS ANDARES

Esa negra tiene mucho swing al caminar
lleva en su mirada un hechizo sin igual
esa negra mueve sus caderas al bailar...

Sergio Torres

Además de la forma de sentarse podemos tener en cuenta el movimiento de una persona al caminar, que casi siempre va a revelar el estado emocional que está viviendo.

¿Te has encontrado alguna vez con una persona que solamente viéndole caminar te enamore? Podríamos decir que tiene "swing al caminar":

Son personas con confianza en sí mismas, que se balancean al caminar, como si estuvieran bailando y acompasadas con los brazos, miran a los ojos a las personas con las que se cruzan, con la cabeza alta, suelen estar muy derechas y su andar es cómodo, pisan fuerte, pero no de una forma altanera en señal de "soy el mejor".

Suelen ser personas con cargos importantes profesionalmente, con la autoestima sana y de buen talante.

Las personas que al caminar pisan fuerte, con la barbilla levantada y balanceando los brazos de un lado a otro, con un ritmo fijo y que generalmente hacen ruido al caminar indican: "yo estoy aquí, mírame". Suelen ser personas que tienen un aire prepotente, bastante seguridad en ellas mismas y muchas ganas de que los demás les miren, haciéndose notar. Siempre irán mostrando su pecho claramente.

Pueden ser un poco ombligistas, esto es, se creen el ombligo del mundo.

En cambio una persona tímida e insegura en relación con los sentimientos de los demás actuará de una forma totalmente distinta.

Tienden a andar casi de puntillas, para que no se note que están ahí y en muchas ocasiones adoptan una postura encorvada, como escondiéndose del mundo.

No llegarán a ser el caso de una persona depresiva, la cual deja los hombros caídos y la cabeza totalmente baja y será raro que levante la vista para hablar y andará muy despacio.

Las personas convencionales tenderán a dar pasos cortos y de forma rígida, acompasando los brazos a este movimiento.

Los pies

Aunque los pies forman parte del caminar y de la postura de estar sentado, podemos puntualizar algunas formas diversas de tenerlos colocados ya que son la parte del cuerpo que más nos costará controlars, por tanto generalmente no nos mentirán, así que si quieres saber cuál es la emoción exacta de una persona, fíjate en sus pies.

Habrá que tener en cuenta, si es una mujer, que lleve tacones o no, porque si los lleva puede adquirir algunas posturas distintas debido al cansancio de los pies por ellos. Así que como siempre decimos, deberemos fijarnos en otros gestos que puedan realizarse, pero rara vez se podrá falsear un gesto con ellos.

Una persona sincera y clara al hablarte enfoca sus pies hacia ti en la conversación, los pies suelen tocar totalmente el suelo, muy seguros de su anclaje.

En cambio si sus pies reposan sobre su borde exterior o sobre el talón, es posible que nos esté mintiendo.

Si nuestro receptor mueve mucho los pies o da golpecitos con ellos, posiblemente será que se siente incómodo o aburrido ante nuestra persona o en esa situación en concreto.

Y si enrolla el pie sobre el otro o la pierna, significa que está en una posición cerrada e incómoda.

Si fueran los tobillos uno sobre otro significaría que no quiere darnos alguna información o no quiere que sepamos lo que siente, es una postura que se ve mucho en el despegue de un vuelo y en el aterrizaje o cuando alguien quiere ir al baño.

Si una persona tiene miedo al compromiso emocional, o le gustaría comprometerse ante una relación pero no sabe si será capaz de hacerlo, le picarán los tobillos por la parte interior de los mismos.

Y... ¿si alguien en una reunión profesional se sube los calcetines? Esto es que tiene ganas de cambiar de tema y seguir avanzando en una actividad.

¿Has visto alguna vez a una persona a la que le transpirasen los pies mucho, sin tener un problema de sudoración excesiva en el resto del cuerpo?

Pues bien, esto significa que esa persona siente que no está en su sitio, que ése no es su lugar. Generalmente tienen la sensación de "estar dejando pasar la vida, sin sentido" y significaría lo mismo si le pican mucho las plantas de los pies en la bóveda de los mismos.

Así que si éste es tu caso, querido amigo, pregúntate: ¿qué estás haciendo con tu vida?

Por tanto, cuando alguien tiene la sensación permanente de estar corriendo, de tener miedo ante la vida, tendrá muchos picores en sus piernas y pies, pondrá los pies en la dirección inversa a nuestro interlocutor y sabrás que quiere salir de esa situación.

En muchas ocasiones tú te podrás engañar a ti mismo pero será complicado que tu cuerpo pueda engañarte, obsérvate a ti mismo, pues lo positivo de la comunicación no verbal es esto mismo, que aunque tú quieras engañarte frente a lo que sientes, tu cuerpo difícilmente te mentirá, y actuará como un chivato de tus emociones.

Tienes que saber que una cosa es la emoción y otra el sentimiento.

Las emociones son un conjunto de respuestas químicas y neuronales de nuestro cerebro ante un estímulo externo, que forman un patrón distintivo y se forman en el cerebro límbico.

En cambio los sentimientos se crean en el córtex y son la evaluación consciente que hacemos de la percepción de nuestro estado corporal durante una respuesta emocional.

Por lo tanto tendremos que saber diferenciarlos, nuestros gestos harán referencia a las emociones que crea nuestro cerebro límbico y una vez gestionado ahí, si pasa a ser un sentimientos consciente, podremos cambiar ese sentimiento, pero de lo contrario nos será imposible hacerlo.

Por eso es tan importante la auto-observación del cuerpo así como la observación a las personas que nos rodean para saber si es cierto lo que nos están contando o no.

CAPÍTULO 7

LA POSTURA CORPORAL

Qué hermoso tu baile al caminar.
El juego de tus ojos al observar.
Tus manos al balancear el viento al pasar.
Tu alma grita al mundo lo que tu boca
no se atreve ni a expresar.
Y es ese baile de tu cuerpo
el que me habla sin cesar.

Beatriz Vilas.

EL ESPEJO DE NUESTRA ALMA

Hasta aquí hemos visto poco a poco el significado de gran parte de los gestos que podemos hacer con cada miembro de nuestro cuerpo por separado, la cabeza, los brazos, las piernas, un poco todo en general. Pero hay una lectura del cuerpo total que es lo que se llama la postura corporal en general y que comentamos un poco en el capítulo 3.

Nuestro cuerpo es un chivato de lo que nuestra alma no se atreve a expresar, por pudor, miedo o, simplemente, porque todavía no estamos preparados para hacerlo y usa distintas formas para que podamos comunicarnos sin que la otra persona oiga ni una sola palabra salir de nuestra boca.

La posición en la que situamos nuestro cuerpo nos va a dar señales de si la otra persona está predispuesta o no a comunicarse con nosotros y de qué forma lo va a hacer.

No obstante nuestro espíritu, nuestra alma interior, mandará señales a nuestro cuerpo, gestos que sabremos leer desde la intuición, ese don que nos regaló la naturaleza al nacer y sin el cual sería complicado poder sobrevivir en el mundo actual.

En otras épocas, tuvimos la capacidad de desarrollarlo mucho más de lo que hacemos ahora.

La palabra intuición (del latín *intueri*, "mirar hacia dentro" o "contemplar") es un concepto de la Teoría del conocimiento, que explica en qué consiste el mismo y describe el conocimiento que es directo e inmediato, sin intervención de la deducción o el razonamiento, siendo considerado como evidente.

Éste no sigue un camino racional para su construcción y formulación, y por lo tanto no puede explicarse, ni siquiera verbalizarse. El individuo puede relacionar ese conocimiento o información con experiencias previas, pero por lo general es incapaz de saber por qué llega a una determinada idea.

Las intuiciones suelen presentarse más frecuentemente como reacciones emotivas repentinas a determinados sucesos que como pensamientos abstractos elaborados.

Para el desarrollo de esta intuición, la observación es un punto muy importante a tener en cuenta y ésa será la fuente de un experto en Comunicación no verbal.

Y para que podamos entender un poco más a que nos referimos el gran sinergólogo Philippe Turchet, nos explica que "el cuerpo del ser humano lleva los tatuajes del estado del ser".

Según Turchet, nuestro cuerpo lleva tatuado toda la historia de su vida y podremos descifrar y leerla en tres tiempos:

1. **El lenguaje corporal de nuestros sentimientos** (La estatua).
2. **El lenguaje corporal de la emoción** (La actitud interior).
3. **El lenguaje corporal de la pulsión** (El micromovimiento).

Como vimos al final del capítulo 6 hay que diferenciar entre el sentimiento y la emoción.

La estatua es la esfinge, la postura de la persona sin movimiento, quieta, y en ella se expresan los sentimientos que la persona ha pensado y meditado durante toda su vida.

Gracias a ella sabremos cuál es el temperamento de la persona, ya que la ha ido creando con el paso de los años y se ha quedado inscrita en su comunicación no verbal.

En cambio las emociones vimos que eran unos segundos, lo que nos pasaba en nuestro corazón a través de un estímulo exterior, éstas mandan una señal al cerebro límbico para que más tarde se puedan convertir en sentimientos.

La emoción es un estado interno corto que permite leer si es éste de estrés o bienestar y se verá reflejado en la rectitud interior de un cuerpo que modificará rápidamente para pasar a formar una estatua.

Sus afectos serán lo que su cuerpo nos comunicará. Como ya vimos en los capítulos anteriores, los micromovimientos se dividen en micropicores, microcaricias y microfijaciones.

LOS GESTOS

Lo primero que deberemos de saber en la lectura del cuerpo en general, en un instante, con una sola mirada, es si nuestro interlocutor está abierto o cerrado.

Después ya iremos observando cada gesto que hemos visto hasta ahora, pero podemos saber de antemano, sin tener que pararnos a mirar mucho más allá, si esa persona está predispuesta al diálogo o no.

Podemos describir una posición abierta cuando nuestro interlocutor se encuentra en una postura de entrega hacia nosotros, esto es, todo su cuerpo quiere comunicarse y darse y no encontramos barreras, en un primer momento para entablar una comunicación fluida. Por lo tanto no tendremos ni piernas ni brazos cerrados, sino una apertura de ambas personas.

Los pies de nuestro interlocutor y las rodillas mirarán directamente hacia nosotros, nos mostrará la parte interna de brazos y piernas y nos mirará a los ojos al hablar.

Todo el cuerpo de tu interlocutor te gritará: "*Eh, estoy aquí para ti*".

Y por el contrario, nos encontraremos con una posición cerrada, cuando sí existen barreras entre las personas que mantienen una comunicación, esto es, tienen una postura corporal cerrada.

En este caso ambas personas, o por lo menos uno de los interlocutores, mostrará una posición desplazada o invertida, no mostrando la parte interna de brazos y piernas, cerrando brazos y piernas, desviando rodillas y tobillos, etc.

Todo el cuerpo nos gritará: "*no quiero estar aquí*" o "*estoy por compromiso*".

En este caso, nuestro primer trabajo, si queremos llegar a tener una comunicación positiva, será cambiar nuestra conducta a positivo para cambiar la actitud de nuestro interlocutor.

Primeramente pregúntate cuál es tu propia comunicación no verbal, porque no debemos de olvidar que nuestras neuronas espejo tienden a repetir lo que ven, por tanto, cuando una interrelación no es correcta, puede ser que nosotros tampoco estemos siendo coherentes con nuestros gestos.

Una de las primeras señales para transmitir coherencia es que en ocasiones nuestras palabras son incoherentes con nuestra comunicación no verbal.

Por ejemplo, vas paseando con tu pareja por la calle y de repente se acerca a vosotros una mujer despampanante que es tu nueva compañera de trabajo y en ese momento recuerdas que no le habías comentado a tu mujer que era guapa para no levantar celos en ella.

La chica os saluda amablemente y tú intentas hacer lo mismo con tus palabras. De repente comienzas a sentir pequeños micropicores en las piernas por la parte trasera y los brazos y a rascarte la nariz. Tú conversación no es tan fluida como lo sería en otras circunstancias, pero todo se queda ahí. Pasado un rato al despediros de ella tu mujer comenta:

–*¿Qué te pasa? Parecía que no quisieras saludar a esta chica, ¿me ocultas algo?*

–*(Piensas aterrado) ¡Dios mío, mi mujer es bruja! ¡Se va a liar!*

Pues bien, aquí no hay magia, simplemente que no has sido coherente entre lo que pensabas y hacías y tu esposa ha notado esa incoherencia en tu comunicación no verbal.

Si hubieras pensado: ¡No pasa nada, esta situación es normal!, o si simplemente le hubieras hablado de ella, tu mujer no habría notado ningún tipo de incoherencia en tu lenguaje y no te habría preguntado nada.

Pero los humanos tenemos tendencia a complicar las cosas y en ocasiones mentimos por no hacer daño a los demás o a nosotros mismos, y a la larga esto nos trae repercusiones porque siempre la vida nos va a poner en situaciones comprometidas para ayudarnos a crecer como personas y para que podamos aprender de lo que nos ocurre.

Es por ello que siempre recomiendo a las personas con las que me cruzo no mentir en pequeñas tonterías como ésta porque a la larga nos podemos complicar la vida.

Los gestos: emblemas e ilustradores

Recuerdo en una ocasión en la que me enviaron a cubrir una noticia en la inauguración de un nuevo negocio, unas bodegas, que se inauguraban en la isla.

Los propietarios eran dos empresarios muy conocidos en nuestra provincia y aquella noche estaban allí todos los medios de comunicación y personas influyentes de su entorno.

Cuando uno de los socios fue a dar un pequeño discurso, al comenzar a hablar se puso a rascarse las cejas y orejas y unos pequeños micropicores le aparecieron los las piernas.

Al ir a dar la mano a su socio ambos cuerpos se ladearon girando las cabezas al lado inverso uno del otro y girando sus pies al lado inverso de su interlocutor.

En ese momento pensé: ¡Mmmm, algo no marcha bien aquí!

Efectivamente un año después me informaron de que se había producido un desfalco y que uno de los socios había desaparecido con gran parte del capital.

Aquel día en la presentación fue visible que algo no funcionaba bien entre ellos dos.

Por lo tanto tendremos que ser muy cuidadosos en cómo comunicamos lo que queremos decir. Si una persona habitualmente no tiene tendencia a gesticular mucho, no será conveniente que lo haga en una ocasión en la que su comunicación verbal no lo requiera, o de lo contrario su interlocutor notará incoherencia en su lenguaje y viceversa.

Gestos emblemas

Por tanto debes de saber que hay unos gestos que son los denominados "emblemas" y serán los universales para una comunicación en positivo y coherente. Estos gestos significan palabras concretas.

Por ejemplo cuando movemos la cabeza para decir sí, lo hacemos de arriba hacia abajo y al contrario para el no. Pues bien, estos movimientos serán "emblemas".

Gestos ilustradores

Nos encontramos con otros gestos llamados ilustradores. Estos gestos no significan una palabra en concreto como le pasa a los emblemas, sino que acompañan a una palabra o a una actitud de la persona. Estos gestos ilustradores se realizan con diferentes zonas de nuestro cuerpo, aunque básicamente los encontraremos con las manos o la cabeza.

Con las manos

En relación a los gestos ilustradores que hacemos con las manos se pueden dividir en dos categorías: Los gestos ilustradores y los gestos manipuladores.

Los gestos ilustradores son aquellos que realizamos cuando hablamos de una cosa en concreto y con nuestras manos dibujamos lo que queremos decir.

Por ejemplo imagínate la siguiente conversación:

–¿Cuánto espacio había para meter el libro en la estantería?

–Era poco, una cosa así (y con los dos dedos índices, uno enfrente del otro, marcas una distancia corta).

–¿No era un poco más (tu interlocutor con los dos dedos índices uno enfrente del otro marca una distancia un poco más grande).

–¡No, no!, era así de pequeño el espacio que había.

En este caso nos estamos acompañando por unos gestos, casi universales, de nuestras manos para expresar lo que realmente queremos decir, pero las palabras por sí solas no lo están diciendo.

Es cierto que podríamos preguntar cuántos centímetros exactos había, pero posiblemente no teníamos una regla para medir el espacio cuando lo cogimos y lo hicimos a "ojo de buen cubero", esto es, más o menos, hecho sin medida exacta. Para ello nos hemos valido de un gesto ilustrado que hace que nos hagamos una idea exacta del espacio del que disponemos para utilizar.

Otro gesto muy común que se utiliza como ilustradores es cuando alguien adopta una postura de niño pequeño y no quiere seguir hablando y le dice a su interlocutor:

–Pues... ¡no te hablo más, hala! (Si se cruza de brazos o piernas cerrándose en banda y poniendo la boca en forma de morritos cerrada fuertemente).

Este gesto significa: "no te pienso hablar más y cierro todo mi cuerpo para que veas que es verdad lo que digo y cierro la boca fuertemente y mi cuerpo se cierra a ti".

Otro ejemplo significativo es cuando le pedimos a una persona que le estamos contando algo íntimo, que no se lo diga a nadie y ella contesta que no lo hará:

–Por favor. no vayas a contar esto a nadie, ¿eh?

–Mi boca está sellada (si pasas el dedo índice junto el pulgar, juntos por ella de izquierda a derecha, como simulando que tuvieras una cremallera en la boca y que no puedes hablar de nada).

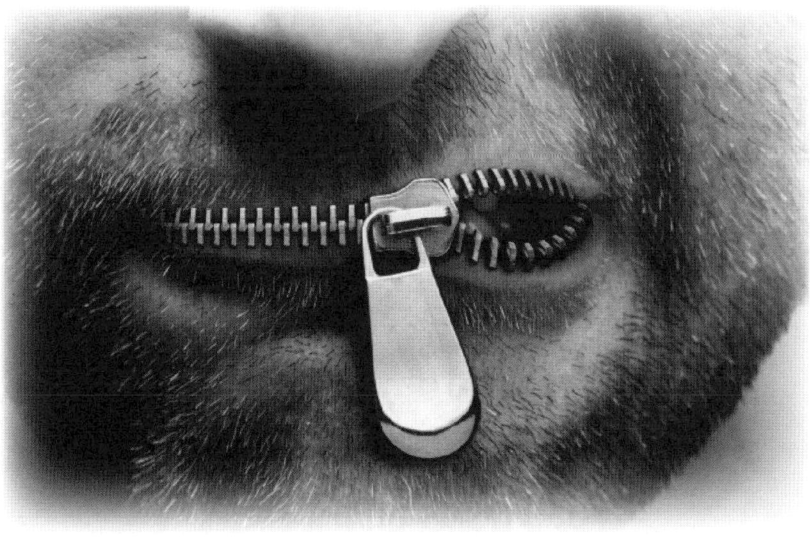

Los gestos manipuladores que hacemos con las manos son aquellos que realizamos distrayendo con la mirada en otro objeto la conversación de nuestro interlocutor de la pregunta que ha hecho.

Por ejemplo, el gesto de quitarse las pelusas de la ropa cuando te hablan:

> *–¿Se puede saber por qué no viniste ayer al cine como habíamos quedado?*
>
> *–Porque me surgió un problema en el trabajo y salí tarde al final (contesta el interlocutor, sin mirar a los ojos, haciendo un ademán de quitarse las pelusas del traje con los dedos índice y pulgar).*

Este gesto de quitarse las pelusas además lo hará de la siguiente manera:

Con el índice y el pulgar de la mano derecha, hará que se quita las pelusas que se encuentran en el lado izquierdo del brazo a la altura del corazón. Por tanto cruza su propio brazo derecho, como si tuviera un picor en el brazo izquierdo, cerrándose por tanto a su interlocutor claramente.

Este gesto será claramente de engaño por triple partida. Primeramente, cuando lo hago no estoy mirando a mi interlocutor a los ojos, porque voy a mentir en mi conversación.

En segundo lugar, me cruzo el brazo por mi cuerpo a la altura del pecho, lo que significa que estoy cerrando mi cuerpo a lo que le digo a mi receptor y en tercer lugar, estoy mostrándole la parte externa de mi mano y no la interna, e incluso le muestro mis nudillos, lo que significa que me está sentando mal la pregunta y me estoy enfadando por tener que contestarla.

Posiblemente tengo altivez en mis palabras y no entienda por qué tengo que darle explicaciones a esta persona que me las pide.

Todo en mi conversación indica que quiero manipular la información que estoy dando a mi interlocutor, posiblemente estoy mintiendo y si no lo hago estoy siendo no queriendo mostrar lo que siento.

El cuerpo completo

Mi sobrina Carla de 7 años cuando me va a pedir algo y yo se lo niego me dice:

–Tía ¿y si te pongo ojitos me lo compras?

Entonces me mira bajando la cabeza para abajo, y subiendo los ojos como si llevara unas gafas puestas y tuviera que mirar sobre ellas, balanceando su cuerpecito de un lado a otro, como si fuera una niña buena que no ha roto un plato nunca.

La primera vez que se lo vi hacer, muerta de risa, pensé: "*Será zalamera ya con 7 años*".

Pero realmente me sorprendió que con tan temprana edad fuera posible ya la repetición de un gesto que, evidentemente, ha aprendido de una persona mayor y que para ello está lleno de significado.

Al preguntarle dónde lo había visto me contestó que su mamá lo solía hacer y que había visto que surgía efecto con su padre, cuando quería conseguir una cosa.

Por tanto ella comenzó a realizarlo para manipular el resultado de algo que posiblemente de otra manera no hubiera podido conseguir.

Una prueba más de que en nuestra infancia somos capaces de utilizar nuestros gestos para convencer a los demás de lo que queremos conseguir, sea por nuestro bien personal o por el de los demás.

CAPÍTULO 8

LA RESPIRACIÓN Y LA VOZ: A NUESTRO RITMO

"La voz es el espejo del alma"
Dr. Galeno

RESPIRA... TU RESPIRACIÓN HABLA POR TI...

¿Te has parado a pensar alguna vez la importancia que tiene saber respirar correctamente?

Lo primero que hacemos al llegar a este mundo es respirar y lo último que haremos cuando nos vayamos de él también.

Cada segundo de nuestras vidas está plagado de respiración, de ese oxígeno que recorre nuestros pulmones y nos hace poder vivir.

Es curioso pero, en el momento de nacer, nadie nos enseña a respirar, sino que en el instante de llegar aquí nos damos cuenta de que si queremos sobrevivir tendremos que hacerlo y de forma natural respiramos.

Las personas que dan confianza inhalan por la boca y expulsan el aire mientras hablan y en cambio las personas con baja autoestima, primero echan el aire y a continuación hablan, como si se fueran a ahogar en el mero acto de respirar.

Pero con el habla no ocurre lo mismo que con la respiración, de hecho si no nos educáramos en sociedad no desarrollaríamos un habla como ahora lo conocemos, no hablaríamos un idioma en concreto, sino que a través de sonidos podríamos sobrevivir sin problema, acompañados eso sí de nuestra comunicación no verbal.

Por eso tardamos mínimo un año en aprender a hablar, siempre y cuando tengamos una gran estimulación por parte de nuestros padres.

Y es curiosa la poca importancia que le damos a los sonidos, voz, respiración y comunicación no verbal, cuando nos hacemos mayores.

Es por ello que en este libro quería hacer hincapié en este punto, porque desde que comencé mi carrera como periodista le he dado más importancia a los silencios que a los diálogos que he escuchado.

Las personas mentimos continuamente para poder sobrevivir dentro de una sociedad que nos dicta unas normas y pautas de conducta que muchas veces aborrecemos, pero es más complicado poder mentir en los silencios; aunque también se pueden utilizar para ello, nos será más complicado hacerlo.

Pero ¿podemos disciplinar nuestra voz, controlar nuestros silencios, los ritmos a la hora de hablar, regular la intensidad, expresión y entonación?

La respuesta es sí, podemos hacerlo, de hecho muchos políticos y personajes públicos aprenden a hacerlo para controlar su dicción.

La respiración y la voz

A veces pensamos que hablar es la función primaria de la boca, de las cuerdas vocales y la lengua, pero no es así ya que si no nos educaran en ello no lo haríamos.

Pero ¿cómo funciona la voz?

Pues bien, ésta tiene básicamente 3 partes esenciales:

- **Los pulmones**, que actúan a manera de fuelles.
- **La glotis**, que es propiamente un vibrador.
- **La cavidad bucal y las fosas nasales**, que son en realidad unos resonadores, o amplificadores.

Como explica clara y de forma precisa el odontopediatra Dr. Pedro Antonio Ricart Reyes, la voz funciona de la siguiente manera:

Los fuelles

Dentro de la caja torácica se encuentran los pulmones, colocados entre las clavículas por la parte superior, y el diafragma por la inferior.

Unos músculos hacen que las costillas se eleven y ensanchen cuando efectuamos una inspiración; mientras que cuando se espira, las costillas descienden y se contraen, elevándose el diafragma y saliendo el aire, de tal manera que solamente durante la espiración se emite el sonido que representa la palabra a través de la voz.

Cuando se habla en público es preciso poder inspirar aire muy rápidamente (sin ruido) y ser capaz de espirarlo durante veinte segundos o más. Es muy importante aprender a respirar en el habla.

El vibrador:

El aire comprimido de los pulmones recorre la tráquea y pasa a la laringe, que es una especie de caja situada en la parte superior de la primera y formada por un conjunto de cartílagos ligados entre sí, de modo que pueden moverse igual que las articulaciones de los huesos del brazo. En el interior de la laringe, extendida entre los cartílagos, se encuentran las cuerdas vocales, donde tiene origen la fonación.

En la emisión de la voz, o fonación, la glotis se abre y se cierra periódicamente con gran rapidez, bajo la acción antagonista de los músculos que la cierran y de la presión del aire aspirado que la obliga a abrirse. Los pequeños chorros de aire canalizados producen vibraciones sonoras. Cuanto más rápidamente vibren las cuerdas el sonido será más agudo; cuanto más fuertemente vibren será más intenso.

Los resonadores-amplificadores

Las cuerdas vocales por sí solas no emiten ningún sonido, por lo que necesitan de cavidades de resonancia, de igual manera que los instrumentos de cuerda requieren su correspondiente caja.

Ese sonido muy débil, apenas perceptible producido en la laringe por las cuerdas vocales, tiene que pasar por unas cámaras de aire situadas en la garganta y en la cabeza, que actúan como resonadores.

Esas cavidades de resonancia son: la parte superior de la laringe, la garganta o faringe, la boca y las fosas nasales.

Dichos resonadores, por una parte, amplifican el sonido, y por otra, modifican el timbre, haciéndolo más rico o melodioso, o chillón, o semejante a un aullido.

En cada uno de los resonadores, ciertos sonidos que acompañan al fundamental, producen los "armónicos", surgiendo de la interacción de éstos los diferentes timbres de las vocales.

EL TONO DE TU VOZ CREA LA MÚSICA DE TU ALMA

Ya sabemos cómo funciona la respiración y la voz, pero ¿qué grado de importancia tendrá mi voz en una comunicación fluida?

Pues bien, se estima que la importancia de la voz en una comunicación emocional es del 38%.

Según nos explica Lillian Glass, autora de "*Relaciones Tóxicas*", hay 19 factores distintos del sonido de la voz y a través de ellos podremos saber cómo es nuestro interlocutor y leer lo que quiere decirnos.

La voz más que ninguna otra cosa expresa la emoción que estamos sintiendo y si poseemos una autoestima sana o no.

Vamos a ver los 20 tipos distintos de tono de voz y ante qué tipo de persona nos encontramos para descifrar lo que nos quiere decir:

1. El sonido de la voz es demasiado alto.
2. Su tono de voz es muy bajo.
3. Su voz es agitada o temblorosa.
4. Habla demasiado despacio.
5. Habla frenética o maniáticamente.
6. Habla demasiado deprisa.
7. Al hablar parece inquieta o enfadada.
8. Habla entrecortadamente y a golpes.
9. "Ataca" los sonidos al comienzo de la frase y durante la misma.
10. Baja el tono de la voz hasta el punto que ya no se le oye cuando está acabando de hablar.

11. Gimotea cuando habla, emite sonidos nasales y mueve la mandíbula al hablar.
12. Gimotea y emite sonidos nasales pero no mueve apenas la mandíbula al hablar.
13. Cuando habla parece que es solemne o severa.
14. Resulta al hablar aburrida, pesada o tiene un tono apagado.
15. Su tono es extremadamente meloso y con una inflexión extremadamente pronunciada.
16. Al acabar las frases pareciera que sube el tono de voz.
17. Tiene una articulación excesiva y demasiado lenta intencionadamente.
18. Intenta que su voz sea sexy.
19. Su voz es rica, entusiasta y profunda.
20. Habla demasiado despacio.

Cuando conocemos a una persona, sólo por oírla hablar sabemos cuál es su estado anímico y lo mismo nos pasa con los desconocidos, si nos ponemos a observarlos claramente y aprendemos a escuchar lo que su alma realmente nos quiere decir.

Esto ocurre porque modulamos la voz, lo que significa que sabemos variar el tono y calidad del habla cuando hablamos, de una forma natural.

Pero ¿podemos desarrollar la intuición respecto al conocimiento del estado anímico de las personas según su voz?

Pues te diré, querido amigo mío, que sí puedes hacerlo y la razón es la siguiente:

Podemos decir que podemos reconocer el estado emocional de una persona entre el 60 al 65% de las ocasiones acertadamente. Esta información se almacena en el sistema límbico, también conocido como el cerebro emocional y se almacena en el lado izquierdo del cerebro, que es el encargado de gestionar el lenguaje, pero además podemos almacenarlo también en el lado derecho como emocional. Así que te invito a que realices la siguiente prueba:

Escucha atentamente en una conversación, con una persona con la que tengas confianza, el tono de voz que posee e intenta intuir cuál es su estado anímico. Después pregúntaselo para cerciorarte que es correcto.

Ahora graba en tu mente la emoción en relación al tono de voz y así podrás acudir a tu cerebro cada vez que escuches ese tono de voz y podrás buscar una emoción análoga al tono.

Esto ocurre porque la percepción del código vocal es una experiencia biológica.

Nos gusta o no un tono de voz, independientemente de que en algún caso en concreto nos recuerde a alguna persona o la reconozcamos con alguien en concreto. Y nuevamente este concepto tiene más que ver con la propia supervivencia animal que con otra cosa.

Si escuchamos una voz varonil nos dará la impresión de que esa persona puede ser nuestro protector y el macho alfa que tanto esperamos para continuar con la especie, ya que su voz podrá defendernos de las fieras en un momento dado. Y lo mismo pasará con la voz femenina, que deberá de ser sexy pero a la vez potente, seductora o alegre y positiva, pero tendremos que tener cuidado con los extremos, ni demasiado fina y chillona, ni demasiado varonil.

Pero iremos un paso más allá. La tensión contenida debido a trastornos emocionales no resueltos se reflejará claramente en el tono de voz, tanto si hablamos por teléfono como en persona.

No obstante también debemos de saber que hay casos en los que no coinciden los tonos de voz con el estado emocional y será o bien por un aprendizaje erróneo en los hábitos de comunicación en la etapa infantil, como puede ser una persona que en su casa se chille mucho y aprenda a comunicarse a través del grito o en los casos en los que nos encontramos diversas patologías como problemas auditivos, desviaciones de la mandíbula, problemas dentales u orales y acentos, dialectos o culturas.

También podría ocurrir esto en personas que toman drogas, alcohol o fuman en exceso, incluso llegando a tener serios problemas de salud como el cáncer de garganta.

Será muy importante también aprender a articular correctamente las palabras que pronunciamos. Las vocales son sonidos producidos por la vibración de las cuerdas vocales, amplificadas por los resonadores de la faringe, la boca y la nariz, y no modificados de modo apreciable por los órganos de la articulación. Para poder hacerlo bien se requerirán agentes que puedan modificar el sonido de la voz y así mejorar la calidad de tono, éstos son los labios, dientes, maxilar, paladar, velo palatino y la lengua.

De vital importancia para este proceso es la función de la lengua ya que será ella la encargada de modular los sonidos, así que tendrá que tener un movimiento bueno.

Las cualidades para una articulación clara serán la nitidez, intensidad, énfasis y flexibilidad.

Pero no me detendré más en este punto ya que no pertenece a la comunicación no verbal, sino que ya estaríamos hablando de la verbal.

Por tanto proseguiré con el reconocimiento de los estados emocionales del tono de voz y la personalidad de cada individuo para que puedas aprender, incluso por teléfono, a reconocer lo que le pasa a tu interlocutor.

La voz nos transmitirá 4 señales distintas que son:

1. El tono de la voz (agudo o grave).
2. Alto, bajo o tendente a disminuir o aumentar al comienzo o al final de las frases.
3. La cualidad de la voz (suspirante, quejosa, antipática, áspera, nasal).
4. El estilo del habla (demasiado rápido o lento, sexy, tendente al coqueteo, entusiasta, aburrido, entrecortado, vivo).

Pasaremos a continuación a ver las diferencias en la personalidad según el tipo de voz y el estudio realizado por la Dra. Lillian Glass, profesora de la universidad de Sur de California:

1. **La voz del ganador**: Estilo entusiasta y vivo y tono profundo. Será una voz profunda que transmite entusiasmo, seguridad emocional y erotismo. Serán voces vivas tanto en hombres como en mujeres. La voz tiene que decir: "*Tengo confianza en mí mismo*" y de esta forma los demás se sentirán atraídos por ti, por tu alegría de vivir y buena predisposición, independiente de tu sexo. Las personas nos sentimos atraídas por esta clase de gente segura de sí misma y con un tono claro y vivo.

2. **Tono demasiado agudo**: Personas inmaduras, débiles, tímidas y con tendencia al enfado y ajenas al sexo, nada sexies. Suelen estar en un estado interno de enfado o de miedo.

   Este caso se suele dar mucho en personas que han sido violadas a temprana edad y no han tenido una evolución sexual sana, puesto que se quedan ancladas emocionalmente en la edad que tenían cuando ocurrió el suceso.

   Este tipo de voz, con terapia y ejercicios vocales, se puede modificar, una vez encontrado el trastorno que lo produjo.

   También puede ocurrir en una persona bilingüe que en un idioma hable en un tono y en otro en uno mucho más agudo y en este caso podría deberse a que el trauma sucedió a edad temprana en la lengua que hablaba en aquel momento. Por eso identifica la lengua al trauma.

3. **Tono demasiado grave**: Son personas que tienen las cuerdas vocales y el aparato vocal demasiado gruesos y grandes. Si son excesivamente graves denotan falsedad y una personalidad pretenciosa.

   Este tipo de voz se suele dar en hombres inseguros y suele ir acompañada de un tono alto.

4. **Volumen demasiado suave**: Se da en personas chantajistas emocionalmente, manipuladoras y controladoras y con ganas de que les escuchen porque no se sienten valoradas por su entorno.

   Generalmente no son lo que parecen; pretendiendo parecer tímidas, son justamente lo contrario de lo que desean parecer. Pueden parecer tímidas, reservadas y recatadas, cuando realmente son personas que se salen de sus casillas con mucha facilidad, de fuerte carácter. Es un juego psicológico que hacen exclusivamente para llamar la atención. Ten cuidado con este tipo de personas porque no juegan limpio y tienen mucha tendencia a la tristeza y a enfermedades patológicas de tipo pasivo-agresivo.

No entres en su juego y cambiará la actitud. No le digas que hablen más alto porque eso es lo que pretenden, que les escuchen, prueba a ignorarlas, verás cómo cambian su tono de voz.

5. **Volumen demasiado fuerte**: Pasa exactamente lo mismo que en el caso anterior, es una llamada de atención para que les escuchen. Suelen ser personas arrogantes con poca sensibilidad social y a las que les da igual molestar a todo el mundo; se muestran agresivas, con tendencia a enfadarse y muy controladoras.

   Debajo de eso se esconde mucha inseguridad. Pero cuidado, habrá que descartar que esta persona no tenga un problema auditivo porque sería la única excusa posible a la hora de utilizar este tono.

   Cuanto más inseguros se sienten más levantarán la voz para hacerse notar

6. **Bajar la voz al final de las frases**: También denota una baja autoestima, pero este tipo de personas no son tan manipuladoras ni controladoras como las que hablan demasiado bajo, sino que realmente creen que no interesa a nadie lo que piensan, por eso van bajando el tono de voz según hablan.

   Se suele dar en gente que comienzan muchas cosas a la vez pero no acaban ninguna porque pierden la capacidad de sorprenderse y emocionarse por las cosas. Una técnica para cambiar este tipo de forma de hablar es la respiración, ya que deben de tomar aliento primeramente e ir progresivamente soltándolo según hablan.

7. **Las voces temblorosas, en cuanto a la calidad**: Suelen ser personas nerviosas y que se disgustan muy fácilmente por cualquier cosa. Esto ocurre porque generalmente tienen miedo a la vida y por eso les tiembla la voz.

   Suelen tener una actitud neurótica y paranoica y les preocupa en exceso lo que pensarán los demás sobre ellas. El miedo les domina e intentan adaptarse al entorno, pero tiemblan sólo de pensarlo.

8. **Los que atacan con la voz**: Son aquellas personas que tienen repetidas subidas de volumen de voz, como si te estuvieran mordiendo y suelen ser personas competitivas y agresivas. Si atacan ellas no se sentirán heridas por su oponente, por eso atacan.
9. **Hablar por la nariz y mover la mandíbula al hablar**: Este tipo de voz se da en personas que parece que siempre se están quejando de algo y que de cara al exterior es algo que les hace parecer odiosas. Estas personas suelen hacer reír a los demás cuando hablan, así que o aprenden a reírse de ellas mismas y lo utilizan (como puede ser el caso de algunos actores) o resultarán odiosas y chistosas para el resto.
10. **Voces antipáticas y ásperas**: Suele darse en personas agresivas, antipáticas y mandonas. Son personas de trato malo y difícil y su voz les acompaña en su carácter.
11. **Las voces deliberadamente sexies y suspirantes**: Estas personas juegan con los demás: como te habla a ti, hablará con el resto, son poco sinceras,

resultan manipuladoras e insultantes. Son personas que piensan que pueden seducir a cualquiera y manipularle a su antojo y suelen tener un ego enorme. Suelen ser personas poco fiables. También puede darse en personas inseguras.

12. **El tono frenético-maniático**: Las personas que poseen esta voz son frenéticas y sus vidas son un pequeño desastre de subidas y bajadas constantes. Son personas controladoras, despóticas y necesitan ser el centro de atención del resto.

    Hablan muy rápidamente y suelen perder el control fácilmente. Se suele dar mucho en personas bipolares, pero no siempre tiene por qué ser así. Por otro lado son personas muy enérgicas que siempre estarán intentando que entres con ellos en algún negocio, pero ten cuidado porque posiblemente no te salga muy bien el tema.

13. **Hablar demasiado deprisa**: Suelen ser personas nerviosas, ansiosas y de mal carácter, inseguras y con una autoestima muy baja. Suele darse en personas que vienen de familias numerosas y que hablan tan rápido para llamar la atención del resto y que así alguien les escuche.

14. **Los tonos inquietos**: Son propios de personas resentidas que buscan problemas o peleas. Están enfadadas con el mundo en general.

15. **Hablar a golpes y de forma entrecortada**: Suelen ser personas rígidas, remilgadas e inflexibles. Siempre ponen todos los puntos sobre las íes y suelen ser muy testarudas. Son muy intransigentes y no llevan bien que nadie les ordene hacer nada.

16. **Los que hablan por la nariz apretando la mandíbula para hablar**: Suelen tener peor humor y ser más críticos que los que hablan de forma nasal solamente.
17. **Hablar en tono aburrido y apagado**: ¡Qué decir de estar personas! Parecen personas reprimidas, tensas, apáticas y aburridas. Suelen ser personas que no están en contacto con sus emociones porque tienen miedo de que les hagan daño, así que se distancian de ellas. Son los que yo llamo fantasmas. No sabes si están o no en la sala. Son los vampiros emocionales por antonomasia, ya que te chupan toda tu energía.
18. **Hablar en un tono demasiado empalagoso**: Su voz es cantarina y suele ir acompañadas de palabras empalagosas y dulzonas. Suelen ser personas tramposas que no dicen lo que piensan sino todo lo contrario. No son personas confiables. En el lado negativo son personas pasivo-agresivas que enseguida se vuelven contra ti. Si oyes a alguien así los problemas están en camino, ¡huye!
19. **Hablar elevando el tono al final de las frases**: Es más frecuente entre las mujeres y suele darse en mujeres inseguras y tímidas. Parece que te estuvieran preguntando continuamente todo lo que deben de hacer.
20. **Hablar demasiado despacio**: Son personas que tienen muy poca autoestima y no son conscientes de los sentimientos de los demás porque sólo piensan en ellas continuamente. Pero podrían ser pretenciosas y arrogantes y pretenden ser el centro de la atención de todo el mundo, por eso articulan mucho al hablar para que los demás les escuchen.

MARCANDO TU PROPIO RITMO

Resumiendo: tengas el tipo de voz que tengas, se puede modificar mediante terapia, porque está totalmente unida a tu estado emocional y tus creencias limitantes, siempre y cuando no haya una disfunción fisiológica.

Por lo tanto tú puedes controlar y dirigir tu voz y sólo dependerá de ti cómo quieras que te vean los demás y verte a ti mismo.

Así que podrás crear tu propio estilo, tu propio ritmo y tu propia forma de hablar independientemente de la forma que haya tenido hasta el momento.

Para ello sería importante que hicieras el siguiente ejercicio:

Intenta grabarte en una conversación con distintas personas de tu entorno para que puedas ser consciente de tu tono, velocidad y ritmo de voz y así poder escucharte como realmente suenas, ya que es por todos sabido que nos oímos totalmente distinto a cómo nos oyen los demás.

Después de haber escuchado compara tu voz con cualquiera de estos 20 tipos de voz y mira a ver si te coincide en algo y así sabrás si puedes o no modificar tu voz.

Si no tienes ningún problema disfuncional, acude a un terapeuta especializado en el lenguaje de habla y la comunicación y él te ayudará a ver realmente cómo puedes transformar tu vida por completo.

CAPÍTULO 9

COMUNICACIÓN NO VERBAL EN EL MUNDO

No es preciso que sea mensajera
la paloma sencilla en tu ventana
te informa que el dolor
empieza a columpiarse en el olvido

y llego desde mí para decirte
que están el río el girasol la estrella
rodando sin apuro
el futuro se acerca a conocerte

ya lo sabes sin tropos ni bengalas
la traducción mejor es boca a boca
en el beso bilingüe
van circulando dulces noticias.

Mario Benedetti

¿Y SI VIAJO AL EXTRANJERO?

En mi trabajo de periodista me he topado muchas veces con extranjeros, gente de distintas nacionalidades que acuden de vacaciones a descansar en ésta nuestra fantástica isla, gente de éxito en muchas ocasiones, que se sienten atraídos por la cultura española y eligen este paradisíaco lugar para pasar unos días.

Nosotros, los periodistas, aprovechamos la fama de esta gente para poder llenar las páginas de nuestros periódicos y ellos siempre acceden porque simplemente es un intercambio de intereses para ambas partes.

Cuando comencé a trabajar con extranjeros una de las cosas que más me preocupaba era el protocolo con estas personas, esto es, la forma de actuar en cuanto a mi comunicación no verbal, pues es bien sabido por todo el mundo que no todos los gestos son iguales en todos los países.

Y por ello busqué cómo poder interpretar perfectamente lo que querían decirme, sin emplear las palabras. En algunos casos, dependiendo del país de procedencia, me di cuenta de que las diferencias no eran tantas, sino todo lo contrario, había más similitudes que otra cosa. Pero en otras culturas, sí que la comunicación no verbal cambia considerablemente, como ocurre por ejemplo con los países musulmanes.

Por eso me parece muy importante recalcar los diferentes gestos según la cultura de nuestro interlocutor, y hacer hincapié, en especial, en este punto.

¿Cuántas veces has visto una película italiana y has podido ver que sus gestos eran extremadamente exagerados para ti?

Pues bien, lo primero que deberemos de decir es que es cierto que los latinos mediterráneos gesticulan mucho más que las personas del norte de Europa, incluso que los del norte de la península y esto en gran parte es porque va unido a la expresión de las emociones. En países como EEUU o Alemania, la expresión de las emociones es casi inexistente y por tanto su comunicación no verbal es mucho más comedida, ya que al no poder expresar lo que sienten, porque culturalmente no está bien visto, tampoco les hace falta expresarlo a través del cuerpo.

En una cultura donde se ha enseñado, sobre todo a los hombres, que hablar de lo que se sienten es negativo, se va a enseñar a los niños a que tampoco lo expresen con su cuerpo. Por tanto un hombre italiano se moverá y utilizará su CNV mucho más que uno americano.

En el caso de las mujeres ocurre algo parecido, pues aunque culturalmente se les permite expresar sus emociones un poco más que a los hombres, también se verán restringidas a las expresiones corporales, tanto de alegría como de tristeza.

Aunque las emociones básicas son 6 hay muchos sentimientos conexionados con ellas y cada uno de ellos llevará una expresión corporal distinta, en relación a lo que en nuestra cultura esté bien o mal visto.

Por lo tanto se podría decir que no hay gestos universales, no hay posturas corporales que transmiten exactamente lo mismo en todo el mundo, sino que variará en relación a la cultura. Lo que existen son signos similares. Por ejemplo, culturalmente sonreír significa lo mismo en todo el mundo, pero cada tipo de sonrisa, según la cultura a la que se pertenezca, significará una cosa u otra y nos enseñarán culturalmente cuándo debemos o no hacerlo.

Hasta aquí hemos hablado de cómo nos comunicamos con todo nuestro cuerpo y nuestra voz, pero ¿esto me valdría en las distintas culturas?

Como hemos visto muchos de los gestos que hacemos son innatos y de supervivencia pero otros muchos están muy arraigados a nuestra cultura mediterránea y más en concreto a la cultura española, ya que incluso en otros lugares del Mediterráneo nos podemos encontrar con gestos que cambian totalmente respecto a los que hacemos en España.

PimsLeur Approach creó una tabla de gestos que se realizan con las manos en los distintos países del mundo y a continuación veremos su significado.

Gestos con la mano

Pulgar hacia arriba

Levantar el pulgar en muchos países de mundo con la mano cerrada, pero el pulgar mirando hacia arriba, significa "bien hecho", menos en Grecia, Rusia, Cerdeña o el Oeste de África, donde significa "que te den". Incluso en Arabia Saudí supone un insulto grave.

GESTO		DESCRIPCIÓN	NO USAR AQUÍ
1 Pulgar arriba		En muchos países, levantar el pulgar significa "bien hecho" y es utilizado habitualmente por autoestopistas. Si lo utilizas en Grecia, Rusia, Cerdeña o el Oeste de África estarás insultando al receptor: "que te den". En Arabia Saudí supone un insulto grave.	

Signo de V

Este signo lo conocemos como el de victoria o paz, o incluso simplemente utilizando numéricamente para indicar el dos.

Pero si lo utilizamos mirando la palma de la mano al interlocutor en Gran Bretaña, Australia, Nueva Zelanda e Irlanda, significa una grosería.

En Gran Bretaña significa "que te jodan".

GESTO		DESCRIPCIÓN	NO USAR AQUÍ
2 Signo de V		En EEUU y en otros muchos países se utiliza este gesto como "Victoria" o "Paz", o simplemente para referirse al número dos (p.ej. "quiero dos de esto"). En Gran Bretaña, Australia, Irlanda o Nueva Zelanda este gesto con la palma de la mano dirigida a tu cara es una grosería.	

A Ok

Hacer una O o un cero entre el pulgar y el índice y levantar los otros tres significa que todo está OK, que todo marcha bien, pero en Rusia, Brasil, Turquía y en algunos lugares del mediterráneo, es un signo de homosexualidad. Y en Francia y Bélgica, que el receptor no vale nada.

GESTO	DESCRIPCIÓN	NO USAR AQUÍ
3 A ok 	En EEUU significa que todo marcha sobre ruedas. En Rusia, Brasil, Turquía y el Mediterráneo significa "eres homoxesual". En Francia y Bélgica significa que el receptor no vale nada.	

Stop

En casi todo el mundo levantar la mano abierta, enseñando la palma con los cinco dedos abiertos, significa stop, menos en Grecia, que estaremos mandando al infierno a nuestro receptor.

GESTO	DESCRIPCIÓN	NO USAR AQUÍ
4 Stop! 	Si estás en Grecia no le digas a alguien que se pare levantando la mano con la palma hacia fuera y los cinco dedos hacia arriba. Le estarás diciendo que se vaya al infierno.	

Heavy Metal

Levantar el índice y el meñique y sujetarse con el pulgar los dedos medio y anular, significa en casi todo el mundo que eres "un cornudo", por tanto que te están siendo infiel, menos en EEUU, que es el signo de orgullo tejano.

GESTO	DESCRIPCIÓN	NO USAR AQUÍ
5 Heavy Metal 	Jenna Bush salió en televisión en Noruega haciendo este símbolo de orgullo tejano sin darse cuenta de que estaba diciendo a todo el mediterráneo que sus cónyuges estaban siendo desleales. El gesto significa "cornudo" y es popular en España, Portugal, Grecia, Colombia, Brasil, Albania y Eslovaquia.	

Ven aquí

Con la mano cerrada, hacia arriba estirar y torcer el dedo índice agitándolo, significa "VEN AQUÍ", menos en Filipinas que es un gesto que se le hace sólo a los perros, y es un gran insulto hacerlo.

GESTO	DESCRIPCIÓN	NO USAR AQUÍ
6 Ven aquí 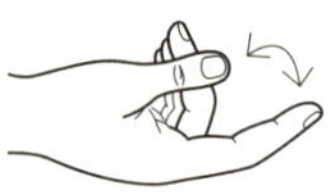	Si vas a Filipinas, nunca le digas a alguien "ven aquí" torciendo el dedo índice y moviéndolo repetidamente, a no ser que quieras ser arrestado. Se considera un gesto apto sólo para perros y es castigable con pena de prisión si se utiliza con una persona.	

Cálmense todos

Extender la palma hacia abajo con los dedos estirados para calmar a la multitud o decir a la gente que espere es un gesto habitual en gran parte del mundo, menos en Grecia que significa "comemierda", un insulto enorme.

GESTO	DESCRIPCIÓN	NO USAR AQUÍ
7 Cálmense todos 	Extender las palmas hacia abajo con los dedos extendidos para calmar la multitud o para decirle a la gente que espere, es habitual en muchos países. En Grecia, sin embargo, significa "comemierda".	

Otros gestos con los dedos

Contar con los dedos en la cultura china significa otra cosa ya que su numeración no tiene nada que ver con la nuestra. Cada dedo en China significa una cantidad numérica distinta, por ejemplo el pulgar se usa para contar de diez mil en diez mil.

Golpe en la muñeca

Un golpe en la muñeca con los dedos de la mano en algunos países indica pedir la hora a tu interlocutor, en cambio en Francia o Bélgica significa que es hora de irse.

Golpes sobre la mesa

Ante un discurso que gusta en Alemania, Suiza o Austria, se darán golpecitos encima de la mesa, hasta 10 golpes; en España para demostrar esa emoción aplaudimos.

Decir no con la cabeza

Si quieres decir no en Bulgaria, India, Pakistán o Turquía, moverás la cabeza de arriba hacia abajo y para decir sí lo harás hacia los laterales, al revés que en el resto del mundo.

Mano derecha

En países musulmanes y África para comer usaremos la mano derecha así como para dar y recibir dinero, o cualquier regalo, pero no se debe de utilizar la mano izquierda para estos menesteres, ya que sólo se utiliza para la higiene personal o para cosas sucias.

Ambas manos

En China, Japón y Vietnam, se dan y reciben objetos con las dos manos a la vez, para demostrar agradecimiento ante el obsequio que nos hacen.

Girar el dedo en la sien

Cuando queremos designar que alguien está loco, giramos el dedo sobre la sien derecha, pero en Alemania y Austria es un insulto bastante grande hacerlo así. ¡Ten cuidado al hacerlo!

En Italia para señalar que alguien está loco se pone la mano en el codo contrario y con los dedos juntos de la mano derecha se agita la mano.

Señalar con un dedo

Señalar con un dedo es un gesto de mala educación en todas las culturas, pero en países como Alemania se utiliza bastante. En Extremo y Medio oriente se utilizan dos dedos, el índice y el corazón juntos, para señalar, o incluso la mano entera.

En Singapur será también un gesto muy feo, ellos lo hacen con el pulgar.

Extender la palma hacia fuera

En Grecia la palma hacia afuera es conocida como *moutza* y data de la era bizantina cuando los criminales eran exhibidos a lomo de caballo con sus caras ennegrecidas para indicar su vergüenza. Si corrían con suerte el agente usado para ennegrecer los rostros era carbón. Si eran desafortunados la sustancia usada era peor, mucho peor

En otros países puede ser un signo de apertura y positividad, así que ten cuidado al utilizarlo.

Estrechar la mano

Estrechar la mano siempre es un gesto de buen gusto, de afabilidad en todo el mundo, menos en Arabia Saudí, cuando es una mujer la que lo hace con un hombre significa que quiere sexo con él.

Es más, rizando el rizo, una mujer no deberá hablar con un hombre que no conoce porque puede llegar a ser arrestada.

Entre hombres en Arabia se cogerán del brazo, no de las manos, pues creen que si lo hacen de las manos se les escapa la energía.

Puño cerrado en el codo

En México y América del sur en general poner el puño cerrado debajo del codo doblando el brazo contrario, significa que esa persona es un tacaño, y en Australia y Alemania significa que es idiota.

Acercarse el dedo a la nariz

Tocarse la punta de la nariz en Jordania significa que estás interesado en tener sexo con tu receptor, en cambio en otros países no significa nada.

El resto del cuerpo

Terminarse la comida

Aunque en España siempre hayas oído decir "*termínate toda la comida del plato*", en China, Tailandia y Filipinas no deberás hacerlo porque significa que tu anfitrión no te ha dado la comida suficiente y es un insulto para ellos.

En Asia, si se come con palillos, no se deben de dejar éstos mirando a la persona con la que estamos haciéndolo porque significa que deseas el mal de esa persona.

No eructar

En los países árabes, siempre cuando acabes de comer debes de eructar o se considerará una falta grave de respeto hacia tu interlocutor, porque para ellos significa que no te ha gustado la comida que te han ofrecido.

El beso en la mejilla

Este gesto es peculiar y distinto en cada país. Depende de que tu interlocutor sea hombre o mujer. En los países latinos se tiende a dar dos besos para saludar, sobre todo entre hombres y mujeres, pero en Sicilia entre mafiosos significaría que tu muerte está cerca.

En Suiza se dan tres besos en lugar de dos y en Alemania del norte y central suelen evitarlos dando generalmente la mano en lugar de un beso, tanto hombres como mujeres.

En algunas tribus de Nueva Zelanda, se rozan la nariz para saludarse y también lo hacen los esquimales, aunque para ellos tiene una connotación más personal.

Regalar flores

Mundialmente es un gesto de agradecimiento y amor, pero en Rusia cuando se hace habrá que tener cuidado de regalarlas en número impar, porque los números pares se dejan exclusivamente para los funerales, por lo tanto si regalas un número par significará que quieres que esa persona se muera.

Tocar con el pie

En Asia no se debe de tocar con el pie a nadie, ni hacer indicaciones con los mismos, así como ponerlos en sillas o mesas. Los pies sólo son para andar.

En Nepal está muy mal visto pasar por encima de los pies de alguien, aunque no se quepa porque el lugar es estrecho.

Tocar en la cabeza

En Asia tampoco se debe de tocar a nadie en la cabeza ya que espiritualmente es el punto más alto y se va la energía. Tampoco se debe de sentar uno en cojines o almohadas porque están sólo destinados para la cabeza.

Templos tibetanos

En los Templos tibetanos (*Stupas/chortens*) siempre anda en el sentido de las agujas del reloj o te mirarán raro.

Baños y Saunas

En los Onsem, o baños japoneses, siempre hay que bañarse antes de entrar ya que piensan que si no se ensucian las aguas y siempre se hará vestido, al contrario que en Alemania o países nórdicos donde en las termas es muy común ir desnudos.

Saludar en la puerta

En Rusia saludar en el umbral de la puerta de casa es considerado de mala suerte. Así que para recoger cualquier paquete se hará o fuera de la puerta o dentro de la misma.

En la India

Para saber si una persona te considera atractiva o muy inteligente y le gustas, en la India tu interlocutor ni te tocará. Pondrá la lengua entre los dientes y con los brazos dibujará un espacio personal entre ambos.

Marruecos

Los saludos en este país pueden llegar a durar hasta 10 minutos, te darán la mano y se tocarán el corazón, en señal de que se alegran de verte y se pueden pasar bastante tiempo haciéndote preguntas cordiales sobre tu familia y tu estado de salud.

Mirar a los ojos de tus mayores directamente

En África es de mala educación mirar a los ojos de tus mayores directamente.

Lo mismo ocurre en el sur de Italia con la pareja de nuestros amigos o familiares, en donde no está bien visto mirarle a los ojos directamente a la mujer de tu amigo.

En Alemania o países nórdicos no se tocan tanto como lo hacemos nosotros en España, por tanto habrá que evitar, por todo lo dicho anteriormente, tener un contacto tan físico como lo tendremos en los países más latinos y así podríamos seguir indefinidamente con miles de gestos distintos, recorriendo todo el mundo, pero necesitaríamos un manual exclusivo para ello y no es el fin de este libro, sino sólo que aprendas los más comunes que puedes encontrarte en el día a día.

LA GRAN INFLUENCIA EN EL ENTORNO

Durante todo el este libro hemos podido ver lo que significan nuestros rasgos personales, así como los gestos más significativos que te puedes encontrar en distintas culturas y en la nuestra propia.

Pero hay otro factor que es fundamental en la comunicación no verbal y es la influencia del ambiente.

Es evidente que no nos comportamos de la misma manera siempre, sino que nuestra actitud ante lo que nos ocurre varía muchísimo según con quien estemos, el lugar donde nos encontremos, la relación que haya con nuestro interlocutor, a qué lugar o evento acudamos, etc.

Es tan importante que posiblemente te habrás dado cuenta que cambiamos nuestra forma de vestir, de maquillarnos o incluso de andar en relación a las circunstancias que nos rodean.

Un color en un momento de nuestra vida puede significar algo quc ticmpo dcspués no tcnga cl mismo significado.

Lo mismo ocurrirá con los aromas que utilicemos tanto a nivel personal como para nuestro hogar o nuestro lugar de trabajo.

Otra de las características que nos afectará mucho será la decoración de los lugares donde nos encontremos, tanto en nuestro hogar como en el trabajo o medio ambiente donde nos relacionamos habitualmente. En ellos tendremos en cuenta también desde cómo están decorados, la iluminación que ponemos, etc.

Cada cultura, cada persona que conozcas, influirá notablemente en tus gustos, en tu forma de ver las cosas, y de cada uno de ellos absorberás las cosas que te gustan así como todo lo contrario, las que te resultan negativas.

Se han desarrollado distintos tipos de terapias y de estudios para todos estos puntos que comentamos como la colorterapia, aromaterapia, el Feng Shui (corriente oriental que enseña cómo armonizarnos con nuestro entorno)...

El Feng Shui es una forma de geomancia originaria de la antigua China. Es una filosofía que interpreta los cambios en la naturaleza, los astros y el medio ambiente en el que nos desenvolvemos.

A través de esta filosofía oriental nos enseñan cómo deberíamos colocar los muebles y utilizar los colores y aromas de una forma adecuada para que nos aporten buenas energías en nuestro hogar o lugar de trabajo.

La magia de los que te rodean

Se ha hablado de muchas corrientes distintas a este respecto pero desde mi punto de vista hay una norma de oro que debes de tener en cuenta. Rodéate de las cosas que para ti tienen un valor sentimental y que quieren decirte algo. No lo hagas de regalos u objetos que no te gusten porque todas las cosas de las que nos rodeamos tienen su propia energía y ésta depende claramente de tus propias emociones.

Si algo no te gusta, por mucho que alguien te diga que armoniza en tu casa, no lo debes poner.

Es muy importante también la utilización de plantas naturales y evitar las flores secas, porque no tienen la energía que tienen las plantas.

Es fundamental no cargar los ambientes en exceso, ni llenarlos de objetos innecesarios, que corten la energía que se desenvuelve en la casa.

Aunque hay un tema claro que es el gusto o estilo de cada persona, hay ciertas normas que son genéricas y a todos nos ha pasado entrar a un lugar y sentir que está "cargado".

Otro tema que no debes de obviar es el del orden, pues un lugar desordenado nunca dará armonía. Debes vaciar tus cajones de las cosas que no necesitas para que entren nuevas cosas en tu vida, tanto en tus cajones personales como en los de tu lugar de trabajo.

Deja espacio en tus cajones para que entren nuevas cosas o no cabrá nada más en tu vida que lo que ya tienes.

Cada vez que vayas a cambiar la ropa de tus armarios estacionalmente, elimina todo aquello que ya no necesitas, para que de esta forma puedan entrar nuevas cosas en tu vida.

La limpieza será un punto esencial en la armonización del ambiente. Las cosas deben de estar limpias, los libros sin polvo y las estanterías también.

Si tienes limpieza en tus cosas, también la tendrás en tu mente tarde o temprano.

Como hemos dicho anteriormente también influirá mucho tu forma de vestir, la cual debe de ser adecuada para cada ocasión.

Hay personas, sobre todo los artistas, que crean un tipo de vestir único y después crean moda de ese estilo. Pero generalmente el resto de los mortales nos dejamos llevar por estas personas que crean las modas.

Independientemente del estilo de vestir que tengas hay una regla básica y es que te sientas cómodo con lo que llevas puesto.

Tu ropa dice mucho de ti y de tu forma de ver la vida, no le quites importancia. No quiere decir esto que tengas que seguir las modas a rajatabla sino que deberás de crear tu propio estilo en relación al evento al que tengas que acudir.

Por ejemplo si tienes que acudir a un lugar donde quieras que te consideren una persona seria, como por ejemplo una primera entrevista de trabajo, será más adecuado hacerlo con ropa de corte clásico que con un vaquero y una camiseta vieja.

Según el trabajo que sea deberás armonizarte con el entorno y esto se realiza de una forma natural.

Hay personas que piensan que rebelándose en este punto de vista marcan la diferencia. Si ellos se sienten cómodos será correcto, pero piensa si lo haces realmente por llevar la contraria a tu entorno o porque te gusta hacerlo.

Las modas a este respecto de decoración y vestimenta cambian continuamente y simplemente tendrás que elegir lo que armoniza con tu corazón y con lo que te hace vibrar.

Encontrarás varios manuales al respecto en los que podrás consultar sobre las distintas terapias relacionadas con el olor, el color, las plantas y la decoración.

No lo dudes y utilízalos para conocer más sobre cómo armonizarte con tu entorno.

CAPÍTULO 10

MANUAL DE SUPERVIVENCIA EMOCIONAL DE LA COMUNICACIÓN NO VERBAL

GUÍA DE SUPERVIVENCIA EMOCIONAL

Si cuando comencé mi carrera como periodista hubiera caído en mis manos un manual como éste, posiblemente me habría ahorrado muchos quebraderos de cabeza, porque habría podido acceder a información que he tardado muchos años en poder desarrollar.

Espero que con todo lo que hemos visto en este libro puedas ampliar tu intuición, a través de la observación exhaustiva de todo lo que ocurre a tu alrededor, desde cómo pasan las cosas hasta por qué pasan realmente.

Los seres humanos hablamos sin palabras y sin querer decimos mucho más de lo que sabemos descifrar la mayoría de los mortales.

Pero me gustaría poder facilitarte mucho más el camino que ahora empiezas, y por ello, antes de terminar este libro, voy a darte una pequeña guía para que puedas utilizarla de forma rápida en tu día a día.

Como ya hemos visto aquí, nuestro cuerpo es un hilo conductor básicamente de lo que nuestra alma quiere expresar, tanto de nuestras emociones como de nuestros sentimientos y a continuación veremos cómo descifrarlo rápidamente.

Ya vimos que nuestra comunicación no verbal comienza a desarrollarse en el momento en que nacemos y comenzamos a comunicarnos, por tanto es muy ancestral y primitiva, así que lo primero que tendremos que diferenciar son las cosas más naturales que tenemos los seres humanos, esto es, nuestro sexo, si somos hombres o mujeres y lo segundo la situación en la que nos encontramos, así que he creado una guía rápida para ti, según distintas situaciones y según tu género.

Además el Doctor Albert Scheflen ha constatado que cuando una persona se encuentra en compañía de alguien del sexo opuesto sufre una serie de cambios fisiológicos: aumenta el tono muscular, disminuyen las bolsas de los ojos, se proyecta el pecho hacia adelante y el estómago se retrae, consiguiendo una posición erecta. Esto es común en ambos sexos.

Por eso antes de que sigas leyendo debo de advertirte de que ciertos comentarios en un primer momento te pueden parecer de cierto corte sexista y por ello te recomendaría que evitaras verlos así, ya que no los hago por ser una opinión personal, sino porque tanto los estudios en antropología (que es la ciencia que estudia al ser humano de una forma integral) como el padre de la comunicación no verbal (el Dr. Paul Ekman), han demostrado que, en el campo de la CNV, la naturaleza y el aprendizaje posterior por repetición es lo que rigen al ser humano.

Espero que te sirva como base para poder comenzar a mejorar tus relaciones personales leyendo las emociones rápidamente de tus interlocutores y las tuyas propias.

QUÉ DEBES SABER DE LOS HOMBRES SI ERES MUJER

En cuanto a comunicación no verbal se refiere, la mujer ha desarrollado una mayor capacidad de observación que los hombres a la hora de poder leer los gestos de una persona, pero también parece ser que tiene más facilidad para "trampear" ciertos gestos inconscientemente.

Y esto es porque la mujer parece ser menos vulnerable al estímulo visual que el hombre y lo es más al táctil que él. Por lo tanto necesitará más tiempo para saber si se siente atraída o no por un hombre que el tiempo que necesita él para saberlo.

Parece ser que las mujeres pueden, en un primer contacto con un hombre, hacerle ver que se sienten atraídas por él, o el hombre lo puede interpretar así, pero esto ocurre porque al necesitar otros estímulos más táctiles que el hombre, necesitan más tiempo para observar si ese hombre les conviene o no, y así podrán hacerlo de una forma mucho más exacta que el hombre.

Hay un viejo refrán que dice que "*los hombres se dejan llevar más por los primeros instintos sexuales que las mujeres*" o el famoso "*tiran más dos tetas que dos carretas*" y la explicación sería ésta: los hombres se dejarán guiar en primera instancia por lo que ven.

Me explico: una mujer, cuando mantiene el primer contacto ocular con un hombre, puede tener una comunicación no verbal de seducción hacia el hombre, pero sólo lo hará porque quiere que ese hombre se fije en ella, no porque se sienta atraída por él, pero ésta entiende que si no lo hace así no podrá saber claramente si este hombre es adecuado o no para ella, ya que a la hora de elegir pareja buscará unas características en el hombre que a primera vista no son tan reconocibles como en la mujer.

Por eso necesitará un poco más de tiempo y llamar la atención de ese hombre para poder analizar si le gusta o no.

Por eso muchas veces un hombre puede pensar que la mujer intenta insinuarse porque se siente atraída por él y ella simplemente está interesada en conocer más cosas de él, pero no obligatoriamente para mantener un contacto más personal con él.

Es por ello que muchas veces los hombres no saben si una mujer quiere algo serio o no con ellos, a primera vista no pueden entender que nosotras les estamos enviando señales contradictorias.

En cambio, en el caso de los hombres es totalmente distinto. El hombre se siente más atraído por la mujer a primera vista, esto es, enseguida sabrá si esa mujer le gusta o no para tener un mayor contacto con ella y, al contrario de lo que muchas veces se ha dicho, la primera parte de la que se fijará de una mujer será la cara.

Según los últimos estudios de Heather Rupp (líder del estudio del Kinsey Institute for Research in Sex "Gender and Reproduction", de la Indiana University), los hombres lo primero en lo que se fijan al ver una mujer desnuda es en la cara y no en el cuerpo. ¡¡SÍ, SÍ, SÍ!!

Pero veamos algunas claves de los gestos masculinos que denotan si un hombre se siente atraído o no por una mujer:

1. **Una mirada sostenida y fuerte**: El primer paso de un hombre será la mirada, mirar fijamente a una mujer, bajándola sutilmente unos segundos para volver a levantarla, sin perder el foco de atención en ella.

   La mirada masculina comenzará desde los ojos de la mujer, hasta la boca (en forma de triángulo invertido de seducción que vimos en el capítulo 4).

Posteriormente se paseará visualmente por su cuerpo observando sus curvas simplemente para saber si esta mujer podría ser la madre de sus hijos, al tener unas caderas y pechos grandes.

No debemos de olvidar que indistintamente de las tendencias en modas, que marcan muchas veces los gustos, los hombres se suelen sentir atraídos por mujeres con curvas, ya que éstas, según la naturaleza, serán las hembras que mejor podrían engendrar un hijo y en cuanto a CNV se refiere, hay que recordar que la naturaleza sobresale ante cualquier condicionamiento social, aunque posteriormente podamos aprender a cambiar nuestra CNV por dichos condicionantes.

Por lo tanto ten en cuenta que los hombres suelen mirar mucho a las mujeres como forma de iniciar un posterior contacto o conversación; si la mujer responde a la mirada, sin duda, el hombre se acercará.

2. **Cejas**: Si al hombre le gusta la mujer con la que conversa levantará las cejas levemente al hablar y si no es así y su conversación le aburre soberanamente, estarán caídas.

3. **Apertura nasal**: Al igual que hacen los animales cuando van a olfatear a su presa, si a un hombre le gustas, hará una especie de apertura o aleteo nasal, esto es un movimiento instintivo e innato en todos los hombres.

4. **La sonrisa**: Cuando un hombre sonríe indudablemente esto es una señal de que se siente atraído hacia esa persona. Significa que le gusta la conversación que se está manteniendo y se siente por lo menos a gusto.

Pero no será fácil que en un primer contacto haya una carcajada, ya que eso no ocurre hasta que ambas personas se sienten muy cómodas entre ellas, si esto se diera, ¡bingo!, significaría que hay bastante química entre vosotros.

La risa en el hombre tiene diversos niveles, puede comenzar con una sonrisa seductora, pasar por el estadio de la risa llana y honesta que sale de adentro, y llegar hasta el punto de la carcajada cuando hay una mayor confianza.

También la barbilla apuntará hacia ti cuando te esté sonriendo, porque toda su cabeza querrá sonreírte.

5. **El cabello**: El hombre que se toca el cabello ante una mujer lo hace para acomodárselo y verse mejor ante ella y para descargar de cierta forma su tensión o sus nervios. Si el hombre es calvo hará lo mismo con su cabeza, tocándosela como si se estuviera masajeando.

6. **Cuerpo**:

   - **Espalda**: Al igual que el pavo real nos muestra su pecho para enseñarnos su pelaje, el hombre mostrará su espalda erguida y bien derecha para llamar nuestra atención.
   - **Manos en la cadera**: Un hombre que al caminar ponga las manos en la cadera significa que quiere mostrarnos su cuerpo porque está muy orgulloso de él. Esto lo verás en pocos casos, pero puede ocurrir que lo veas cuando el hombre se para. Esto significa que quiere mostrarte su cuerpo.
   - **Piernas**: El hombre, al posicionarse en frente de ti, tenderá a abrir las piernas y posiblemente a meterse las manos en los bolsillos del pantalón, si es que los tiene, para "mostrarte sus genitales",

indirectamente claro está. Está marcando el territorio y demostrando que ése es su lugar y que él es el macho dominante en ese instante. Tiene algo para ti importante que mostrarte y lo tiene entre las piernas.

Lógicamente este gesto será muy sutil por un tema educacional.

Este gesto se repetirá también cuando se junten varios hombres en círculo en una reunión, sobre todo cuando apenas se conocen, porque estarán marcando de la misma forma su territorio para demostrarse entre ellos cuál es el macho más predominante entre todos.

Seguro que en alguna reunión de hombres en círculo te has percatado de que todos se hablan con las manos en los bolsillos unos frente a otros como "marcando el paquete". Pues bien, la razón es ésta: "estoy marcando quién manda en la jungla".

Una vez que ellos se conozcan y hayan dejado claras cuáles son sus posiciones dentro del grupo, lo dejarán de hacer, porque ya no les hará falta defenderse frente al posible enemigo.

- **Sentarse con el tobillo cruzado frente a la otra rodilla**: Ésta es una postura típicamente masculina que igual que la anterior significa guardar "su zona, su territorio", por tanto suele ser una postura de defensa e incomodidad. Aunque ya se ha imitado tanto que posiblemente un hombre la adquiera simplemente porque esté nervioso o tenso ante una mujer, por lo tanto haya también una posible atracción.

En el caso de que además apoyara un brazo en la pierna, esto significaría que es una persona bastante cabezona y que claramente está a la defensiva.

- **Gestos primarios de erección**: Si se siente atraído por una mujer todo el cuerpo se tensará, se elevará y enderezará. Al igual que un arco se tensa para soltar la flecha, el hombre hará lo mismo, tensará todo su cuerpo para "soltar su flecha".
- **Acomodarse la ropa**: Cuando un hombre se pone bien la ropa, la chaqueta se cuadra e intenta verse bien con los pantalones o camisa, esto significa que quiere verse bien ante una mujer y que se siente atraído por ella. Si no quisiera quedar bien, su ropa no le importaría.

  Si juega con los botones de la chaqueta, abrochándolos y desabrochándolos significa que está nervioso y por lo tanto puede haber atracción hacia esa mujer, o por lo menos no le es indiferente.

  Si se desabrocha el primer botón de la camisa o se afloja la corbata, significará que está cómodo a tu lado y se siente muy bien, tranquilo y relajado.

Como siempre no olvides nunca que serán necesarios más de un ítem (gesto) para no llevarte a engaño sobre lo que estás viendo, pero si eres mujer y tienes un hombre enfrente, estos gestos pueden detectarte claramente si hay una primera intención de acercamiento o no.

QUÉ DEBES SABER DE LAS MUJERES SI ERES HOMBRE

Al igual que hemos visto que hace un hombre ante una mujer o ante otros hombres en ocasiones, nosotras también tendremos una comunicación no verbal muy característica si nos sentimos atraídas por un hombre y que ellos deben de saber leer.

El primer mensaje que un hombre debe de saber, como expliqué anteriormente, es que no debe de dejarse guiar por los primeros segundos de coqueteo porque en ese primer momento la mujer simplemente está inspeccionando "la zona" y a la persona.

No debemos de olvidar que cuando estábamos en "la cueva", en la prehistoria, los hombres salían a cazar y nosotras nos quedábamos cuidando de nuestras crías y tierras. Eso hizo que aprendiéramos a desarrollar la observación para protegernos en las distancias cortas, al contrario que le ocurrió al hombre que aprendió a hacerlo en las distancias largas, por eso él debe hacer gestos más exagerados que se vean de lejos, en cambio nosotras los haremos más comedida y discretamente, ya que nuestras relaciones eran en un entorno mucho más pequeño y por eso nos movemos mejor en las distancias cortas.

Nosotras hemos aprendido desde hace siglos cómo atraer lo que queremos con pequeños gestos y aunque también tengamos ciertos gestos de pavoneo con nuestro cuerpo, nuestra comunicación no verbal será mucho más comedida y difícil de detectar.

Un enrojecimiento de las mejillas, miradas por encima del hombro, bocas entreabiertas y enrojecidas por el carmín, son los gestos de seducción que utilizará cualquier mujer para atraer a "su presa" y asegurarse de que a los suyos no les faltará el sustento ni la protección ante el enemigo.

Las mujeres no deberán de cuidar sólo de ellas, sino que, por su instinto de protección, cuidarán también de los suyos, por eso pensará tanto la elección que hace entre los leones de la jungla, no dejándose llevar tanto por los instintos primarios y sí más por los emocionales.

Juegos a corta distancia

Las miradas

Aunque, como vimos, la dilatación de las pupilas es una características de ambos sexos cuando se sienten atraídos por una persona u objeto, en las mujeres es mucho mayor que en el hombre.

Tendremos que tener cuidado porque también es cierto que la pupila cambia de tamaño según la luz, pero una cosa está clara, cuando conoces a una mujer si al verte se le dilatan las pupilas es síntoma de que por lo menos se siente atraída hacia ti, ¡no lo dudes!

Mirada oblicua por encima del hombro levantado

Esta mirada la encontrarás mucho en las modelos en fotos sugestivas.

Los hombros levantados imitan la redondez de los senos y cuando la mujer mira por encima de él al hombre sosteniéndola por un tiempo y luego quitándola, lo que realmente está diciendo es "*¡mira mis senos y lo que puedes encontrar aquí!*". Por lo tanto es un síntoma de que le has gustado.

También el perfumarse el cuello significa "*huéleme el cuello*", en posición de acércate hacia mí porque me gustas. Ésa es la razón por la que nos perfumamos detrás de las orejas, para que el hombre se acerque a nuestro cuello.

El Cabello

Al igual que el hombre, si la mujer juguetea con el cabello es síntoma de sentirse atraída, pero ten cuidado porque no sólo hace por atracción. La mujer siempre juega con el cabello, no sólo por atracción, sino también por nerviosismo o por sentirse incómoda ante una situación, por ello se aconsejaba en el capítulo 4 recogerlo para las entrevistas de trabajo.

Aunque es cierto que con el movimiento del cabello sacudimos las feromonas hacia el hombre, no siempre será una prueba real de atracción total, pero si se acompaña de otros gestos sí.

La barbilla y la sonrisa

En el caso de que la mujer se sienta atraída, la barbilla apuntará hacia el hombre y se acompañará de una sonrisa, al igual que hacen ellos, pero hay que tener en cuenta que la sonrisa de la mujer se produce muchas más veces por educación que por mera atracción, por tanto no lo tomes como un único punto de referencia.

El cuerpo

Acariciarse

Aunque vimos en el capítulo 5 la importancia de las caricias haremos una alusión especial aquí ya que culturalmente sí es cierto que la mujer tiene una mayor tendencia a las caricias que el hombre y no está tan mal visto que lo haga, siempre y cuando sea sigilosamente.

Como he explicado anteriormente las mujeres se guían más por el tacto y esto es porque tienen muchos más nervios sensoriales que los hombres, por eso para nosotras son más importantes las caricias que para los hombres, siendo mucho más sensibles al tacto, además de estar acompañadas por una piel mucho más fina que la de los hombres, lo que nos permite sentirlas mejor.

Por tanto ésta es una parte esencial para nosotras en el flirteo. Si una mujer se acaricia los brazos, los muslos o el cuello sutilmente, esto significa que así nos gustaría que nos tocaran y que si todo va bien le dejaremos que lo haga. Por eso cuando una mujer se acaricia es porque se siente atraída por un hombre y le manda una señal de "juega bien tus cartas y serás el próximo en tocarme".

De la misma forma si acaricia un objeto cilíndrico, como los dedos, cigarrillos, el borde de una copa, etc., significa que mentalmente está pensando en acariciar el pene del hombre.

Otro gesto muy típico de seducción en la mujer es quitarse y jugar con los anillos, acariciarlos o juguetear con ellos, significa que estamos pensando inconscientemente en el acto sexual de la penetración.

Todo lo que sea acariciar objetos personales, llaves del coche, de casa, acariciar objetos, significa “me gustaría que me acariciaras así”, por lo tanto aquí tenemos una señal de que esa mujer inconscientemente se siente atraída hacia ti.

¿Y si lo que acariciamos es un objeto como el bolso? Pues bien, para la mujer el bolso es una parte primordial, ya que es una especie de extensión de su personalidad. En él las mujeres llevamos nuestra alma metida, de hecho, lo que lleve una mujer en su bolso dirá mucho de ella.

Cuando una mujer ve a un hombre muy atractivo tocará inconscientemente el bolso, como síntoma de "Tócame".

Pero si además dejamos el bolso cerca del hombre para que pueda tocarlo o incluso abrirlo, significa "me abro a ti", "acabo de recortar todas las distancias emocionales que nos separaban".

Ahora es el momento, querido caballero, de que ¡ataques! No dejes pasar esta oportunidad, pues no debes de olvidar que, en lo que a comunicación no verbal se refiere, el hombre deberá dar el primer paso para que la mujer se acerque a él, ya que ella te estará dando carta verde para ello con su cuerpo. Y si tú, gran león de la selva, estás incapacitado para leer nuestras señales, posiblemente vendrá otro león que lo haga mejor que tú y se llevará a la presa.

Las muñecas

Cuando una mujer te enseña las muñecas un poco y posteriormente va poco a poco mostrándote el resto del brazo significa que se siente atraída por ti y que te está mostrando su interior poco a poco para que te aproximes a ella. Por eso las mujeres se perfuman las muñecas y el cuello, para empujar al hombre hacia ella en señal de "huéleme".

Las caderas, cintura y pecho

Poner las manos en la cintura, además de ser un gesto de "la mujer española", nos está diciendo "*aquí estoy, ven aquí*".

Con esta señal las mujeres estamos marcando las caderas, la pelvis, discretamente, queriendo señalar al hombre que es la mujer ideal con caderas grandes para dar a luz a sus hijos.

Las mujeres con caderas grandes están mucho más preparadas por su cavidad para engendrar y dar a luz a niños y cuando marcamos las caderas queremos decir que "*yo puedo ser la madre de tus hijos*". Por eso una mujer que se sienta orgullosa de sus curvas pondrá las manos en las caderas.

Un estudio de la universidad de Texas, dirigido por el profesor Devendra Singh, concluyó que una mujer en excelente estado de salud y capaz de criar hijos posee una relación entre cintura y caderas del 70%, es decir, su contorno de cintura equivale al 70% de su contorno de caderas.

Tienen forma de reloj de arena, que no de botijo como en ocasiones se ha dicho. La cintura sería la parte estrella que se vuelve ancha en las caderas, y los hombros y el pecho serían grandes también.

Al mismo tiempo posiblemente saque el pecho hacia delante, para mostrarnos que además podrá amamantar claramente a sus vástagos.

Éste es uno de los síntomas mayores de cortejo que realizará una mujer y se utiliza mucho en los medios de publicidad con atracción incluso para la venta de productos por su fuerza.

Las piernas

En cuanto a la posición de las piernas, cuando enroscamos una frente a la otra, igual que haríamos en el acto sexual, entre la pierna de nuestro amante, significa que estamos deseando que esto ocurra. Así señalamos que tenemos un maravilloso tono muscular y que podemos estar con esa persona cuando él quiera.

Si además cruzamos las piernas y nuestra rodilla señala a un hombre esto significa que posiblemente nos sentimos atraídas por ese hombre aunque también es un gesto de comodidad muy usual entre nosotras.

Pero si este gesto lo acompañamos con quitarnos el zapato un poquito o jugar con los pies o los zapatos, éste si es un síntoma de "me gustas". Ahora "¡ve con cuidado", no vaya a ser que lo que tenga esa mujer es un fuerte dolor de pies debido a unos inmensos zapatos de tacón.

Colocarse la ropa

Al igual que vimos en el hombre, ésta será una *conditio sine qua non* para saber que esa persona se está preparando para que la miren.

Las mujeres primero acomodaremos la parte delantera de nuestro vestido o camisa, seguido de las mangas y posteriormente los pantalones, colocando las manos en la cadera o con los pulgares en el cinturón marcando la pelvis o si tenemos bolsillos que sobresalgan de éstos.

Todo esto vuelve a marcar nuestros genitales, al igual que ocurría en el caso del hombre, porque queridos amigos, simplemente es naturaleza pura.

Somos lo que somos, animales civilizados, pero como ya hemos dicho en repetidas ocasiones, en la comunicación no verbal desvelamos nuestras emociones más ancestrales y éstas son muy claras desde el punto de vista de atracción personal.

Si nos gusta un hombre o viceversa, todo nuestro cuerpo hablará por nosotros y gritará también por nosotros.

Es todo un reto ahora para ti saber si tienes la destreza de ser el primero/a en descubrir lo que ya tu cuerpo nos ha gritado sin palabras.

COMUNICACIÓN NO VERBAL EN EL TRABAJO

Hasta aquí hemos visto ya casi todo lo que tienes que saber en cuanto a comunicación no verbal para comenzar a bandearte en la vida, pero como hemos explicado la importancia del entorno es fundamental.

Por tanto independientemente de que seas hombre o mujer hay ciertas cosas que debes de saber, por ejemplo, ante una entrevista de trabajo o ante una reunión.

La mayor parte de ellas tendrán más que ver con la influencia de los objetos o la posición que adquirimos si estamos sentados en una mesa, pero serán puntos a tener en cuenta si quieres triunfar en el terreno laboral, además de poner al día todos los conocimientos adquiridos en este libro.

Entrevistas de trabajo

Lo que debes de saber ante una entrevista de trabajo en cuanto a CNV se refiere es lo siguiente:

1. Puntos positivos a tu favor
    - Camina erguido, han de verte seguro de ti mismo.
    - Mantén la distancia óptima con tu entrevistador (al menos 50 cm).
    - Pasos tranquilos pero no lentos, con fuerza.
    - Todo tu cuerpo debe de tener movimientos rítmicos y equilibrados.
    - No hagas gestos demasiado bruscos.
    - Intenta no hacer mucho ruido con los zapatos.
    - Postura relajada, natural, que se vea que no tienes nada que ocultar.
    - Al extender la mano evita la "mano pez", dala con fuerza pero sin hacer daño al entrevistador y mirando directamente a los ojos.
    - Si es mujer no le des dos besos a no ser que ella haga el gesto de dártelos y si tú eres la mujer que vas a ser entrevistada haz lo mismo, espera siempre a ver el gesto que hace tu interlocutor.
    - Una vez que estés sentado, siéntate erguido, pero con naturalidad, dará sensación de confianza y seguridad en ti mismo.
    - Sonríe amplia y sinceramente, sin que sea una carcajada.
    - SIEMPRE mira directamente a los ojos, intenta pestañear un poco y apartar la mirada de vez en cuando para que tu interlocutor no se sienta intimidado, pero mírale abiertamente a la cara.

- Asiente con la cabeza mientras habla el entrevistador, denotará escucha activa e interés por tu parte.
- Sentado puedes inclinarte hacia delante, hacia la mesa dará sensación de interés.
- Las palmas de la mano entreabiertas y hacia arriba, mostrándolas sutilmente, denotará buenas intenciones y sinceridad. Evita cerrar las manos en puño.
- Entrelazar los dedos denota seguridad y autoridad en lo que dices, pero no jugando con ellos, manteniéndolos erguidos y relajados.
- Acaríciate el mentón si estás conforme con las condiciones y con lo que te está diciendo tu interlocutor.

2. Gestos de inseguridad que debes evitar a toda costa:
   - Rascarse alguna parte de la cara, orejas o resto del cuerpo, denotará nerviosismo o inseguridad en lo que decimos o disconformidad. Evita claramente los micropicores.
   - No apoyes la mano en la barbilla, dará la sensación de que te aburres.
   - Evita las distancias cortas, de menos de 50 cm.
   - No te sientes repantingado, esa actitud denota falta de respeto.
   - No te sientes al borde de la silla, o... ¿es qué pretendes salir corriendo? Dará esa sensación si lo haces, de miedo e inseguridad.
   - Si te sientas como si estuvieras en el sofá de tu casa, dará la sensación de arrogancia, evítalo. La postura debe de ser de comodidad pero sin pasarse.

- No tuerzas las piernas, ni juntes demasiado los pies separando los talones, dará la sensación de que estás muy nervioso. Separa las piernas un poco y los pies, en postura erguida y seria.
- Prohibido jugar con los pies, ni los columpies si estás con las piernas cruzadas porque parecerá que te estás aburriendo claramente.
- No te muevas continuamente en la silla o parecerás nervioso o aburrido.
- Tampoco balancees tu cuerpo sentado o parecerá que tienes dudas sobre tu propio discurso o sobre el del entrevistador.
- No mires el reloj continuamente, parecerá que estás impaciente.
- Igual con las manos, no te las frotes, parecerá que tienes prisa y estás impaciente por acabar.
- Evitar mirar con los ojos entreabiertos, esto significa desaprobación sobre lo que nos dices, siempre la mirada firme a nuestro interlocutor.
- No mires por encima de las gafas o parecerá que no confías en las palabras del entrevistador.
- Tampoco bajes la mirada o la esquives del entrevistador o dará la sensación de que quieres ocultar algo o no estás seguro de lo que dices.
- Cuidado con las cejas, si las levantas mucho será que no crees lo que dice y si además las frunces es que estás enfadado y en total desacuerdo. Si están medio levantadas significa sorpresa, utilízalo en positivo, si algo parece muy bueno.
- No cruces los brazos a la altura del pecho si estás sentado o querrá decir que estás a la defensiva y más si cruzas además las piernas.

- No golpees los dedos contra la mesa o contra el reposabrazos, significa impaciencia.
- Evita jugar con bolígrafos o anillos, significa nerviosismo y distracción, pero si estás muy nervioso, puedes llevar un bolígrafo para contener tus impulsos, no juegues con él, simplemente sujétalo.
- Evidentemente no te metas las manos en los bolsillos si estás sentado y evítalo si estás de pie.
- No retuerzas las manos, ni las cierres y abras continuamente, significa ansiedad y nerviosismo, para eso utilizaremos el bolígrafo en caso extremo.
- Evita tonos de voz demasiado bajos o altos, deben ser medios, aunque con subidas y bajadas de voz según el diálogo que mantengamos con nuestro interlocutor. No digas *¡ah qué bien!*, como si te estuvieran matando, dilo con sorpresa en un tono de voz afable.
- Evita hablar muy rápido y sobre todo escucha siempre a tu interlocutor, no le pises las palabras, ni grites más que él o hables tan bajo que no te oiga, recuerda que la voz es fundamental y de ello dependerá gran parte de la entrevista.
- Recuerda no tocarte la nariz ni las orejas mientras se habla, pues es síntoma de mentira.
- Evidentemente si tienes la manía de morderte las uñas, ¡ni se te ocurra! E intenta llevarlas arregladas.

En cuanto a tu atuendo, que sea coherente con el puesto de trabajo que vas a desempeñar, en general mejor traje que vaqueros a no ser que el puesto de trabajo lo solicite así.

Si eres mujer evita llevar grandes escotes ni minifaldas y sobre todo sigue la regla de oro, nunca las dos cosas a la vez, o muestras un poco del escote o muestras las piernas.

Evita llevar muchos abalorios puestos, amuletos, pulseras, collares, etc. Sigue la norma del protocolo, si llevas unos pendientes grandes, no te pongas un collar, y si llevas anillos grandes evita collares y pendientes grandes. Centra la mirada del interlocutor en un solo sitio sin exagerar los complementos.

El reloj es una parte muy importante, intenta llevarlo siempre, aunque no lo mires en la entrevista. Si eres mujer y llevas un reloj grande esto significará poder y seguridad en ti misma. Que éste vaya de acuerdo con tu atuendo.

Evidentemente siempre, siempre, los zapatos bien limpios y las normas de cabello que ya comentamos, dejando la cara descubierta para nuestro interlocutor.

Y sobre todo recuerda respirar tranquilamente, no de un modo sosegado, tu respiración dirá mucho de ti, evita los suspiros fuertes.

Pregunta todas las dudas que tengas utilizando un léxico adecuado al entrevistador y al puesto de trabajo.

Y sobre todo sonríe naturalmente, tu sonrisa será tu mayor arma ante una entrevista de trabajo. Aunque las condiciones de trabajo que te estén dando no sean las adecuadas nunca sabes las posibilidades que puedes tener en esa empresa o con esa persona de cara a un futuro.

Respeta los tiempos para responder y acompáñalos con tu comunicación no verbal. Ésa será tu mayor arma, sé coherente con lo que dices y haces. No lo olvides, tus movimientos hablarán por ti.

Si los controlas habrás enamorado a tu entrevistador y el puesto de trabajo será tuyo.

CNV DEL MENTIROSO

Aunque durante todo el libro ya hemos dado las claves para saber si alguien nos está mintiendo o no, tendrás que saber que de todo lo que en este libro se ha dicho hay ciertas normas básicas a primera vista que no debes de olvidar.

Según John Buckley, experto en interrogatorios y entrenador de policías, hay ciertas normas muy claras de los mentirosos y son las siguientes:

- El mentiroso se sienta ladeado ante ti o estando de pie se ladea y no mira de frente nunca a su interlocutor. Cruza las piernas y los brazos siempre, escondiendo las manos. Oculta su interior.
- Habla siempre en tercera persona o en plural, no se involucra en primera personas en un "yo".
- Suelen tender a que repitas la pregunta y evitan responder directamente. Su contestación es "*si te digo la verdad*".
- El que miente no mueve mucho las manos, ni el resto del cuerpo al hablar, es poco expresivo con su cuerpo.
- Cuando mentimos nuestro tono de voz es más agudo que de costumbre.
- Se respira más profundamente.
- Nos enrojecemos, no somos mentirosos profesionales.
- Puede haber una sudoración excesiva al mentir a no ser que seas un maestro de la mentira.
- Cuando mentimos los ojos se mueven mucho.
- La técnica Reid: Esta técnica es un interrogatorio en nueve fases utilizada a nivel mundial para descubrir mentiras. El objetivo es llevar al mentiroso hasta un punto en el que no le queda opción más que aceptar su culpabilidad.

- Si miente su historia tendrá pequeños detalles que no cuadrarán perfectamente, intenta decirle que te dé detalles de la historia.
- Generalmente las pausas en cada palabra aumentan porque está pensando lo que quiere decir.
- Un mentiroso suele estar a la defensiva y es poco cooperativo porque tiene miedo de que "le pillen".
- Las personas cuando hablamos nos equivocamos en ocasiones y no tendremos problema en explicarnos nuevamente si es así. El mentiroso no querrá hacerlo porque tendrá miedo de perderse en la historia. No reconoce errores.
- Si es una persona que generalmente duda antes de hablar y ahora responde sin ninguna duda, ¡cuidado! Tal vez dude e incluso puede equivocarse al hablar, ten cuidado porque tal vez le esté traicionando el subconsciente.
- Un mentiroso sólo sonríe con su boca y no con sus ojos, cuando alguien dice la verdad toda su cara sonreirá.

Y sobre todo ten mucho cuidado con las conversaciones telefónicas pues es donde más tendencia tenemos en mentir, seguidas de los chats y mails, ya que aquí es más difícil saber si esa persona nos está mintiendo o no, puesto que no podemos ver su cuerpo, aunque los expertos saben por el tono de voz y las palabras si una persona puede estar mintiendo, es bastante más difícil detectarlo.

Sobre todo ten en cuenta que si alguien es un mentiroso compulsivo, se creerá sus propias mentiras y su cuerpo y voz le pueden acompañar incluso en esa realidad imaginaria. Por lo tanto recuerda la norma: "nunca menos de 7 u 8 ítems para saber si es cierto o no".

AHORA COMIENZA A CONECTAR DESDE LA COMUNICACIÓN NO VERBAL

Y con esto, querido lector, damos por zanjado nuestro manual de primeros auxilios para la comunicación no verbal.

Posiblemente no te harás un experto en esta materia con este libro, pero estoy convencida de que te ayudará a saber conectar mucho mejor con las personas con las que te relacionas habitualmente.

Ahora la pelota está en tu tejado y de ti dependerá que quieras o no seguir trabajando con todo esto y poniendo en práctica diariamente lo que aquí has aprendido.

Te aconsejo que lo comiences a realizar cada día, poco a poco, en todas tus conversaciones, y que te vuelvas un gran observador porque esto te ayudará a mejorar la calidad de tu comunicación y la de las personas con las que te relacionas.

Ten en cuenta que aunque no es una ciencia exacta para todo el mundo, es bastante clara en lo que podemos leer y que, a partir de ahora, con palabras y sin ellas, podrás escuchar lo que el alma quiere expresar.

Gracias por confiar en este libro y en esta periodista que solamente ha querido ayudarte a encontrar un camino para mejorar tu vida y tus relaciones personales y profesionales.

Y ahora, ¡a jugar con la comunicación!